»ICH HATTE TONNENWEISE AKNE UND WAR VÖLLIG VERSCHLEIMT. ZUFÄLLIG TRAF ICH IN IRGENDEINEM BUS EIN MÄDCHEN, DAS MIR RIET, MAL DIE MILCHPRODUKTE WEGZULASSEN – DREI TAGE SPÄTER WAREN SCHLEIM UND PICKEL VERSCHWUNDEN. WAHNSINN, ES HATTE TOTAL RECHT GEHABT.«

WOODY »SCHLEIMI« HARRELSON

Haftungsausschluss

Beim Verfassen dieses Buches kamen keine Tiere zu Schaden. Ich hingegen habe mir mit einer Käsereibe von Fitness-Guru Joe Wicks in den Daumen geschnitten und ein Paar Essstäbchen in Brand gesetzt.

Zugegeben, das einzige Tier, das wirklich Interesse für dieses Buch gezeigt hat, ist meine Katze Baloo, die sich ständig auf meinen Laptop gesetzt hat, wenn ich versuchtwsffsd fsdsddhilnnnnnnnnnnn kkaons 223 0222222Aj;24E [’YT

VEGAN JAPANEASY

TIM ANDERSON

簡単日本食

CLASSIC & MODERN VEGAN JAPANESE
RECIPES TO COOK AT HOME

おいしい

INHALT

コンテンツ

EINLEITUNG

**JAPANISCHE KÜCHE: FETTER THUNFISCH!
WAGYU-STEAK! GETROCKNETER FISCH! BRÜHE AUS SCHWEINEFLEISCH!
GEBRATENES HUHN! TINTENFISCHINNEREIEN! EIER!
ÜBERALL EIER! EIN MINENFELD FÜR ACHTSAME VEGANER.**

SO SCHEINT ES JEDENFALLS. Natürlich gibt es eine Menge japanischer Delikatessen, die schlicht tabu sind für alle, die auf tierische Produkte verzichten. Im Grunde jedoch macht es die japanische Küche Veganern ziemlich leicht – ein großer Teil der japanischen Gerichte ist per se vegan, und eine ganze Reihe von Speisen lässt sich leicht auf vegan trimmen, wenn man ein, zwei Zutaten ersetzt. Das bedeutet nicht, dass das Ganze dann wie die traditionelle, asketische, in den Buddha-Tempeln gereichte Pilgerverpflegung schmecken muss (wiewohl die wirklich lecker ist); man kann schmackhafte, süß-salzig-würzige, vor Umami-Geschmacksnoten triefende japanische Gerichte mit Leib und Seele genießen, ohne im Supermarkt auch nur einen Blick in die Abteilungen »Fleisch & Wurst« bzw. »Milchprodukte« zu werfen.

Zum Ersten sind die Hauptzutaten japanischer Gerichte meistens pflanzlicher Natur, da Fleisch und Milch in der (Koch-)Geschichte Japans lange Zeit kaum vorkamen und die meisten ach-so-leckeren japanischen Würzsaucen auf einer veganen Basis von fermentierten Sojabohnen und Reis ruhen. Ja, Fisch ist natürlich ein Thema – insbesondere das Dashi, ein Fischsud, der als Grundlage vieler japanischer Gerichte quasi überall vorkommt –, aber man kann ihn relativ einfach durch Brühe auf Pilz- oder Algenbasis ersetzen, die genauso fantastisch schmeckt.

Lassen Sie es mich ganz deutlich sagen: Dieses Buch wird Ihnen nicht vermitteln, wie man fade, »vegane Variationen« von japanischen Fleisch- und Fischgerichten produziert, denn sie würden einfach nicht schmecken, und für fehlenden Geschmack gibt es keine Entschuldigung! Stattdessen taucht dieses Buch tief in die reiche vegane oder beinahe vegane Kochkultur Japans ein. Trauriger Ersatz für irgendetwas und mangelnder Geschmack sind hier Fehlanzeige.

UND Sie werden feststellen, dass diese japanische Küche nicht nur (quasi-)vegan ist, sondern auch einfach! Echt, geradezu peinlich simpel! Also: Egal ob Sie sich gerade erst mit der veganen oder japanischen Küche oder beidem vertraut machen oder schlicht Ihren fleischlosen Speiseplan erweitern wollen – dieses Buch ist genau das Richtige für Sie!

ALSO SCHREITEN WIR WACKER ZUR TAT

UND KOCHEN EINFACH VEGAN WIE DIE JAPANER!!!

BANZAI!!!

BEICHTE

告白

ICH BIN KEIN VEGANER, JEDENFALLS NICHT OFFIZIELL, ABER ICH ESSE HÄUFIG VEGAN, UND DAS MEISTENS UNBEABSICHTIGT.

Ich erkläre es mal so: Ich esse Fleisch und Käse und Eier und ich trage Leder. Ich bin in Wisconsin aufgewachsen, wo öffentlich praktizierter Veganismus, dessen bin ich mir ziemlich sicher, gegen das Gesetz verstößt. Also, Käse und Wurst liegen mir im Blut, mit all ihren Vor- und Nachteilen. Und auch wenn ich den Veganismus nie verachtet habe, wie das manche meiner fleischfressenden Brüder tun, so war er dennoch keine Lebenshaltung für mich: Ich fahre einfach nicht gut mit Einschränkungen jeglicher Art, vor allem weil mir die Impulskontrolle fehlt.

Trotzdem ist in den letzten Jahren etwas Merkwürdiges passiert: Ich entwickelte mich irgendwie zufällig zu einer Art Veganer. 2015 eröffnete ich mein Restaurant Nanban in London. Das führte dazu, dass ich zu Hause nur noch selten kochte und die frischen Nahrungsmittel, die ich besorgte, verrotteten, bevor ich eine Chance hatte, sie in Futter zu verwandeln. Es endete damit, dass ich nur noch ganz selten Fleisch und Fisch kaufte und mich stattdessen mit länger haltbaren Dingen versorgte: Wurzelgemüse, tiefgekühlte Erbsen und Spinat, Bohnen- und Tomatenkonserven sowie jede Menge Nudeln und Reis. Nach einer Weile bemerkte ich, dass ich größtenteils und manchmal total vegan kochte – und dabei weder Fleisch noch Milchprodukte vermisste. Hey, ich hatte gar nicht gecheckt, dass sie von meinem Teller verschwunden waren!

Wie konnte das passieren? Ich habe jeden Tag meines Lebens Fleisch gegessen, bis ich mit 18 nach Kalifornien zog. Und trotzdem stand ich plötzlich in meiner Küche in South London, kochte vegane Gerichte und aß sie mit Vergnügen, als wäre ich ein beknackter Hipster. Was würden meine Eltern dazu sagen?

Kurz: Japan holte mich ein. Schon als Teenager war ich von der japanischen Küche fasziniert gewesen. Ich hatte zwei Jahre lang in Japan gelebt, nachdem ich »Japanese Food History« – japanische Kochgeschichte – am College studiert hatte. Einige Leser werden bereits wissen, dass Japan nicht gerade offen für Veganer ist, nicht einmal für Vegetarier. Tatsächlich hatte ich in Japan eine kurze Beziehung mit einer Vegetarierin, und jede Esseneinladung glich einem High-Risk-Unterfangen. Erstens gab es jede Menge Restaurants, wo wir gar nicht erst hingehen konnten, weil sie auf Fleisch oder Fisch spezialisiert waren, zum Beispiel auf Sushi oder gegrilltes Huhn oder Ramen mit Brühe aus Schweinefleisch. Zweitens taten sich bei dem Versuch zu definieren, was vegetarisch (und was Fleisch) bedeutet, eine Menge kultureller Abgründe auf. Es konnte ziemlich heikel werden, ging man davon aus, dass ein »fleischloses« Gericht auch tatsächlich ohne Fisch oder Huhn oder Schwein (!) zubereitet worden war. Ein Freund witzelte mal, dass ein gängiger Dialog zwischen einem Vegetarier und dem Kellner eines japanischen Restaurants ungefähr so verliefe: **»IST DAS VEGETARISCH?« »JA.« »IST DA SPECK DRIN?« »JA.«**

Es war also nicht in Japan, wo ich die vegetarische Kost schätzen lernte, weil man sie dort nicht findet. Was ich aber lernte, war, wie fantastisch die Japaner würzen und wie man die japanischen Saucen und Gewürze kombiniert, sozusagen übereinanderschichtet, um hocharomatische und extrem schmackhafte Gerichte – mit und ohne Fleisch – zu fabrizieren. Deshalb endeten meine häuslichen Kochversuche irgendwie vegan: Wer braucht noch Fleisch, wenn er so fantastische Zutaten zur Hand hat wie scharfes Miso, würzige Shiitakepilze und spritzige Ponzu-Sauce, um nur einige zu nennen? Japanische Aromen sind eben wirklich umwerfend. Außerdem ist die japanische Alltagsküche normalerweise schnell und einfach. Anders als ihr Ruf es vermuten lässt, brauchen die meisten Gerichte wenig vorbereitende Handgriffe oder gar knifflige Kochtechniken. Sie sind geradezu affenartig einfach, jedenfalls für vegane Affen!

UMAMI – LIEB & TEUER

FLEISCHAROMA OHNE FLEISCH

Einer der Gründe, warum die japanische Küche so beliebt ist, liegt in ihrem Talent, selbst einfache Gerichte, die nicht notwendigerweise Fleisch beinhalten, mit wirklich überzeugenden Geschmacksnoten zu servieren. Das kommt vor allem daher, weil japanische Zutaten uns ziemlich gut mit Umami versorgen.

UMAMI – die beste deutsche Übersetzung dafür lautet »Wohlgeschmack«. Obwohl im Grunde einfach, wird dieser Geschmack oft als geheimnisvoll oder rätselhaft dargestellt. Irrtümlicherweise beschreiben japanische Gastro-Nationalisten und Küchen-Quacksalber ihn als perfekt ausbalancierte Kombination der anderen vier Geschmacksrichtungen; nur meisterliche Köche könnten ihn herstellen.

Das ist falsch. Genauso falsch wäre es zu sagen, salzig sei die Kombination aus süß und sauer. Genauso falsch wäre die Behauptung, Bitterkeit sei ein Geschmack wie ein total mieses, finsteres Gesicht. Es ist falsch – kategorisch, entschieden, nicht infrage zu stellen. UMAMI IST EIN GRUNDGESCHMACK, genauso einfach und klar wie süß, salzig, bitter und sauer. Warum also wird diese Geschmacksrichtung gemeinhin so missverstanden?

Die Ursache könnte darin liegen, dass Umami so subtil ist. Man kann Umami übersehen, doch fehlt die Umami-Info, merkt man es sofort. Man hört kaum je den Ausruf »Boah, das schmeckt dermaßen UMAMI!«, aber Gerichte, denen es an Umami fehlt, sind einfach Humbug. Hohl. Fade. Das Gegenteil von »schreit nach mehr« (schreit nach weniger?). Umami ist wirklich wichtig, auch wenn es oft nicht bemerkt wird. Viele Leute glauben, es sei schwer, Gerichten ohne Fleisch oder Fisch einen herzhaften, deftigen Geschmack zu verleihen, obwohl jeder, der schon mal Pasta mit einer anständigen Tomatensauce gegessen hat, das Gegenteil bestätigen kann. Es gibt etliche Quellen für Umami, und die meisten davon sind pflanzlicher Natur. Hauptsächlich drei Stoffe versorgen uns mit Umami: Inosinsäure, Guanylsäure und Glutamat.

INOSINSÄURE ist reichlich in Fleisch und Fisch vorhanden. Die japanische Küche erhält Inosinsäure hauptsächlich aus Katsuobushi, getrockneten, geräucherten, fermentierten Thunfischflocken, die als Geschmacksträger für eine ganze Reihe von Gerichten verwendet werden. Veganer finden sie auch in Nori-Algen, den Dingern, mit denen man Sushi umwickelt.

Eng verwandt mit Inosinsäure ist **GUANYLSÄURE,** die ebenfalls für einen massiven Umami-Schub sorgt. Die gute Nachricht dabei? Guanylsäure findet sich in hoher Konzentration in Pflanzen und Pilzen, insbesondere in Pilzen und insinsbesondere in getrockneten Pilzen, die in der japanischen Küche extrem wichtig sind.

Schließlich, aber nicht zuletzt, gibt es das **GLUTAMAT** als bekanntesten Umami-Lieferanten. Sie kennen es womöglich als Teil von Mononatriumglutamat, abgekürzt MNG …

MNG-MYTHEN-MONSTER!

OH NEIN! HIER HAUST DAS

RAAAR! MNG IST EIN KÜNSTLICHER CHEMISCHER GESCHMACKSVERSTÄRKER!

Ganz falsch! MNG bzw. seine konjugierte Base, das Glutamat, findet sich in einer ganzen Reihe natürlicher Lebensmittel, darunter in Tomaten, Erbsen, Walnüssen, Algen, in grünem Tee und Muttermilch, genauso wie in vielen traditionellen Lebensmittelerzeugnissen wie Sojasauce, Hefeextrakt, Käse, Wein und Miso. Sogar industriell hergestelltes MNG entsteht hauptsächlich aus bakterieller Fermentation, nicht durch eine etwaige Synthese chemischer Stoffe. Offen gesagt, ist es weit natürlicher als so manches »natürliche« vegane Produkt, das im Umlauf ist.

GRRR! MNG VERURSACHT MIGRÄNE, EPILEPTISCHE ANFÄLLE, DURCHFALL, ALZHEIMER UND DUTZENDE ANDERER GESUNDHEITLICHER BESCHWERDEN!

Stimmt nicht, Mythen-Monster! Zahllose Studien konnten keinerlei Zusammenhänge zwischen dem Konsum von MNG und längeren oder kürzeren Erkrankungen herstellen – auch nicht zum sogenannten China-Restaurant-Syndrom, einer vage rassistischen und höchst willkürlichen Aneinanderreihung von Symptomen. Und kein Experiment konnte eine Hypersensibilität auf MNG bisher bestätigen. Meine Schlussfolgerung lautet, dass die beschriebenen Probleme von etwas anderem herrühren, das gerne gemeinsam mit MNG auftritt, etwa einer unerkannten Allergie auf Soja oder Weizen oder von einem durch übermäßigen Salzkonsum gesteigerten Blutdruck. Sie sind überzeugt, dass Ihre gesundheitlichen Schwierigkeiten von MNG herrühren? Meiden Sie es – aber behalten Sie im Hinterkopf, dass Sie es in anderer Form so oder so zu sich nehmen, in Sojasauce, Ketchup oder eingelegten Gurken beispielsweise.

AAARGH! UNFÄHIGE KÖCHE UND SKRUPELLOSE LEBENSMITTELFABRIKANTEN NUTZEN MNG, DAMIT MINDERWERTIGE ZUTATEN BESSER SCHMECKEN!

Nein! Ehm, ja … manchmal. Tatsächlich kann man MNG zu Lebensmitteln hinzufügen, die andernfalls geschmacklos wären – Instant-Ramen, Chips, Pommes, Brühwürfel sind bekannt dafür. (Übrigens, falls Sie Hefeextrakt auf der Zutatenliste entdecken, ist das im Grunde die indirekte Weise, MNG hinzuzufügen.) Aber MNG ist nur ein Gewürz. So, wie es verwendet werden kann, um einen Mangel an Eigengeschmack zu übertünchen, kann es auch bereits vorhandene Geschmacksnuancen verstärken, ähnlich wie Salz und Zucker es tun. Eine ausgereifte Tomate oder eine reife Avocado kann pur hervorragend schmecken, aber mit einer Prise Salz und/oder MNG schmeckt sie eben *fantastisch*.

Ich will damit nur sagen, dass MNG harmlos ist, aber hilfreich! Es gehört zu den Zutaten, die viele japanische Gerichte schmackhaft machen – japanische Würzsaucen sind rappelvoll davon, insbesondere Sojasauce, Miso und verschiedene Meeresalgen. Wenn Sie also japanische Gerichte verzehren, essen Sie zwangsweise MNG, egal ob Sie es hinzufügen oder nicht. Keines der Rezepte in diesem Buch verlangt pures MNG, aber wenn Sie es nutzen wollten, würden Sie damit voll in der Tradition der gängigen japanischen Alltagsküche stehen: Auf Küchentischen und Theken in Japan werden sie häufig ein Töpfchen Ajishio, auch Geschmackssalz genannt, finden; es ist nichts anderes als MNG.

Hier geht es natürlich nicht nur um Umami. Die Köstlichkeit des japanischen Essens rührt auch vom Einsatz von Zucker, Salz und Essig her und von dem unverwechselbaren *japanischen Charakter* mancher Zutaten – von denen Sie nur wenige brauchen, um loslegen zu können.

VEGANES IN DER SPEISEKAMMER

SIEBEN UNVERZICHTBARE BESTANDTEILE

Meines Erachtens leben wir in einem Goldenen Zeitalter des Lebensmittel-Shoppings. In etwa 15 Jahren wird der Klimawandel weltweit katastrophale Ernteausfälle zur Folge haben, der Welthandel und seine Logistik werden zusammenbrechen, doch bis dahin feiern wir eine riesige **ZUTATEN-FETE!** Dank der Globalisierung und der Wunder des Informationszeitalters ist es einfach atemberaubend, was man heutzutage in einem einfachen Supermarkt bekommt – alles nämlich, vom Ackee-Apfel bis zur Za'Atar-Gewürzmischung. Um die meisten Rezepte in diesem Buch nachzukochen, brauchen Sie wenig mehr als die folgenden sieben japanischen Gewürze und Saucen, die Sie problemlos in Ihrem örtlichen Supermarkt in der Abteilung »Internationale Delikatessen« finden werden. Sollten sie wider Erwarten dort nicht vorhanden und kein asiatischer Lebensmittelmarkt um die Ecke sein, dann sind sie auf jeden Fall online zu haben. ~~Einige von Ihnen~~ Vermutlich fast alle haben dieses Buch über Amazon gekauft – derselbe Onlineversandhändler hält auch japanische Lebensmittel bereit.

Sie werden nicht täglich japanisch kochen – das geht schon in Ordnung, ich nehme das nicht persönlich. Sie brauchen trotzdem keine Angst zu haben, dass Ihre Einkäufe nur als Staubfänger herumstehen, denn diese Saucen und Gewürze sind unglaublich vielseitig und passen sehr gut auch zu anderen Gerichten. Ich gebe Ihnen ein paar Tipps, wie Sie sie verwenden können, wenn Sie ausnahmsweise kein japanisches Menü planen.

KIKKOMA
本醸造
しょうゆ
月桂冠
THE REFINED JAPANESE
澤之鶴
720ML
S&B
GLUTEN FREE

1 SOJASAUCE

Sojasauce ist eine der gebräuchlichsten japanischen Zutaten. Ich bin damit aufgewachsen – eine der größten Kikkoman-Fabriken außerhalb Japans steht in Wisconsin, deshalb hatten wir immer eine Flasche Sojasauce in der Speisekammer. Also wirklich, jedem sollte Sojasauce ein Begriff sein. Es gibt diverse Sorten, wichtig jedoch wäre, eine japanische und keine chinesische zu verwenden – die geschmacklichen Unterschiede sind enorm. Und überprüfen Sie die aufgelisteten Inhaltsstoffe! Eine gute Sojasauce enthält Wasser, Sojabohnen, Weizen und Salz – weder Farbstoffe wie Karamell noch Säuerungsmittel noch Geschmacksverstärker. An diesen Zutaten ist nichts Falsches, aber verglichen mit einer »natürlich gebrauten« Sojasauce schmecken die anderen gerne irgendwie wässrig und scharf. Sie werden auch auf die kräftigere Tamari-Sauce stoßen, die (fast) keinen Weizen enthält und daher einen intensiveren Geschmack hat. Tamari passt großartig zu Zutaten mit hohem Eigengeschmack, z.B. zu Zwiebeln, Pilzen, Wurzelgemüse oder Schokolade, aber Vorsicht: Der Geschmack ist ziemlich dominant.

Einsatz in anderen Gerichten: Geben Sie Sojasauce zu allen deftigen Speisen, bei denen Sie das Umami noch verstärken wollen. Sie passt hervorragend in Tomatensauce, kräftige Suppen und Eintöpfe, zu gebackenen Bohnen oder zu einfachen Salatsaucen.

SAKE

2 SAKE

Sake zu beschreiben ist schwierig, es ist einfacher, ihn zu trinken, und noch einfacher, damit zu kochen. In Gerichten verhält er sich wie Weißwein, mit Säure und Süße (und dem Aromen verstärkenden Alkohol), ist aber herzhafter. Geschmacklich gibt es Riesenunterschiede zwischen Sake und Sake, doch die meisten Supermärkte verkaufen nur eine Sorte, und zwar fast immer die Billigvariante. Zum Kochen reicht sie aus – ja, ist geradezu ideal. Erstklassiger Sake ist gemeinhin fein, fruchtig und blumig, während zweitklassiger oder B-Sake erdig und reichhaltig nach fermentiertem Reis, Sauerteig und Pilzen schmecken kann. Diese Aromen sind Nebenprodukte des *Aspergillus oryzae* oder Kōji – Japans »Nationalpilz«, den man auch zur Herstellung von Sojasauce, Miso, Mirin und Reisessig benötigt.

Einsatz in anderen Gerichten: Nun, Sie können ihn natürlich trinken! Aber wenn Sie das beabsichtigen, sollten Sie ihn im Kühlschrank aufbewahren, sobald er angebrochen ist, und ihn innerhalb von 14 Tagen verbrauchen, sonst wird er sauer. Ansonsten können Sie ihn wie Weißwein einsetzen – besonders schmackhaft ist er im Risotto oder in Pastasaucen mit Kapern, Chili, Knoblauch und Basilikum.

3 MIRIN

Mirin ähnelt Sake ein wenig, enthält aber wesentlich mehr Zucker, sodass er einem süßen, dickflüssigen Wein gleicht. Der Mirin, den man heutzutage im Handel erhält, hat mit dem echten Mirin wenig gemein: Er ist ein Sirup auf Reisbasis, der aber fürs tägliche Kochge-

schäft reicht. Mirin verleiht Gerichten eine weiche, honigartige Süße und sorgt für den süß-salzigen Charakter, der japanische Speisen so unwiderstehlich macht.
Einsatz in anderen Gerichten: Mirin passt prima in thailändische, vietnamesische oder koreanische Saucen und Marinaden, in denen er Säuren und Gewürze ausbalanciert. Eines meiner Lieblingseinsatzgebiete für Mirin ist jedoch gebratenes Gemüse: Ich gebe ein paar Spritzer auf rohes Gemüse, das ohnehin schon süß ist, z.B. auf Kürbis, Steckrüben oder Süßkartoffeln, das hebt ihren Geschmack, und das Gemüse lässt sich besser karamellisieren.

4 REISESSIG

Reisessig ist ein weiterer Sprössling am Sake-Stammbaum – er ist nichts anderes als Sake oder sakeähnlicher Reislikör, zu Essig fermentiert. Er bietet eine helle, saubere Säure mit Spuren von malziger Süße und Umami. Japanische Speisen sind nie wirklich sauer. Reisessig verwendet man, um die Süße vieler Gerichte mit einer belebenden, den Speichelfluss anregenden Säure auszubalancieren. Wie bei der Sojasauce ist es angeraten, einen Reisessig made in Japan zu kaufen, weil die chinesischen Varianten einfach ein anderes geschmackliches Profil haben.
Einsatz in anderen Gerichten: Im Grunde passt er zu allem. Reisessig hat einen so netten Charakter und ist so wenig durchsetzungsfähig, dass er mein am häufigsten benutzter Essig geworden ist. Verwenden Sie ihn statt Weißwein- oder Apfelessig.

5 MISO

Miso, berühmt als Misosuppe, ist eine Paste aus fermentierten Sojabohnen, Reis und manchmal anderen Getreiden. Sein Geschmack kann von leicht, frisch und süß zu reich bis heftig, intensiv (und meist ziemlich salzig) reichen. Für die vegane Küche eignet sich Miso super, weil es die deftig-fruchtigen Noten nachahmt, die abgelagertem Käse ähneln. Es gibt zwei Arten von Miso: Weißes enthält mehr Reis; es hat nicht so lange gereift und ist deshalb geschmacklich weicher. Rotes Miso enthält mehr Sojabohnen und reift mindestens sechs Monate, häufig aber weitaus länger, ist also eindrucksvoller und herzhafter im Geschmack. Vielleicht finden Sie richtig lang gereiftes Miso, etwa das berühmte walnussbraune Hatchō-Miso. Kaufen Sie verschiedene Misosorten, damit Sie die unterschiedlichen Geschmacksrichtungen schätzen lernen (Miso hält sich im Kühlschrank fast ewig). Bald werden Sie Miso in alles hineinrühren.
Einsatz in anderen Gerichten: Wie Sojasauce kann man Miso überall hinzufügen, wo man das Umami verstärken möchte. Sein Geschmack ist allerdings deutlicher, Sie werden also mehr Fingerspitzengefühl brauchen. In Marinaden für Grillgut wirkt es Wunder: Wenn es verschmort und dadurch karamellisiert, wird sein Geschmack hoch-intensiv und komplex. Streichen Sie es daher dick auf Tofu, Tomaten, Maiskolben sowie Brokkoli und lassen Sie das Gemüse im Backofen oder auf dem Grill richtig brutzeln.

6 DASHI

Dashi ist eine leichte Brühe, die Grundlage für jede Menge japanischer Speisen. Hergestellt wird es, indem man Kombu (getrockneten Riementang) gemeinsam mit Katsuobushi (Späne von der Lende des Bonito-Thunfischs, die geräuchert, fermentiert und getrocknet wird, bis sie wie Treibholz aussieht) in warmem Wasser einweicht. Katsuobushi ist eine der wichtigsten Zutaten in der japanischen Gastronomie. Es gibt schlicht keinen Ersatz dafür und – oh VERDAMMT, das ist ja ein veganes Kochbuch … bleiben Sie dran, lassen Sie mich zwei, drei Schritte zurückgehen. Katsuobushi bringt eine wirklich wichtige Info in jede Menge japanischer Speisen, aber nicht in alle, und man kann auch ohne es eine Reihe von Gerichten mit solidem japanischem Geschmack und viel Umami zubereiten. Tatsächlich wurde die Grundform von Dashi nur aus Kombu gemacht, der genügend natürliches MNG aufweist, um reichlich Umami in jedes Gericht zu bringen. Die beste Wahl für einfaches, köstliches, preiswertes Dashi ist **Kombu-Dashi-Instantpulver,** das Sie in jeder Küche in Japan finden. Aber Dashi lässt sich auch kinderleicht selbst herstellen – und Sie können diese Grundbrühe mit getrockneten Pilzen oder anderen Seealgen aufpeppen, um ein Dashi zu köcheln, das nicht nur absolut köstlich ist, sondern auch absolut vegan – schauen Sie sich dazu die Rezepte auf Seite 33–34 an.

Einsatz in anderen Gerichten: Wenn Sie Dashi kennen, werden Sie nie wieder irgendwelches Gemüse zu Brühe verkochen. Dashi ist so viel geschmacksintensiver und dabei so viel einfacher in der Herstellung. Wenn Sie es selbst machen, muss es kein Salz enthalten, Sie werden also das Würzen besser kontrollieren können. Dashi ist als Basis für Suppen und Saucen oder als Brühe, in der man Reis und Getreide weich kocht, einfach unschlagbar.

7 REIS

In den meisten Fällen sind japanische Menüs ohne Reis schlicht nicht komplett. Tatsächlich ist das japanische Wort für gekochten Reis, *gohan*, dasselbe wie für Mahlzeit. Es sollte unbedingt japanischer Reis sein, andernfalls rufe ich die Kulinarische Authentizitäts-Task-Force Japan an, damit sie Sie wegen massiven Reismissbrauchs verhaftet. Schlechter Scherz! Leider hat die KATFJ kein Interventionsrecht außerhalb Japans. Trotzdem: Für mich wäre es einfach total seltsam, japanische Gerichte mit etwas anderem als japanischem Reis zu kombinieren, also gehen Sie welchen kaufen und lernen Sie, ihn richtig zuzubereiten (das ist ganz einfach – es steht auf Seite 26).

Einsatz in anderen Gerichten: Japanischer Reis hat rundliche, dicke, leicht klebrige Körner. Er passt also nicht wirklich zu südasiatischen Gerichten, wohl aber zu chinesischen und koreanischen. Für Risotto oder Reispudding ist er geradezu perfekt. Sie können mit ihm auch die Feuchtigkeit aus Ihrem Handy saugen, sollte es Ihnen aus Versehen ins WC gefallen sein.

ELF WEITERE

KÖSTLICHE VEGANE JAPANISCHE LECKEREIEN

DIE SIE INTERESSIEREN KÖNNTEN

Diese Zutaten sind jetzt nicht das, was man grundlegend nennen könnte, aber es ist gut, sie zur Hand zu haben, wenn einen ein heftiges japanisches Verlangen überfällt. So wie die sieben Zutaten auf den vorherigen Seiten sollten Sie alle in Ihrem nächsten großen Supermarkt finden – falls nicht, sind sie in Asia-Läden oder online zu haben.

1 TOFU (NE, SAG BLOSS!)

Dafür, dass er so einfach und so göttlich ist, ruft Tofu ziemlich starke Reaktionen hervor. Ich bin nicht wirklich leidenschaftlich dafür oder dagegen, obwohl ich eine gewisse Zuneigung zu **Seidentofu** hege; Seidentofu hat in etwa die Konsistenz von Crème Caramel und muss gekühlt gelagert werden. Aber **fester Tofu,** manchmal als Blocktofu angeboten, ist auch sehr gut, besonders angebraten: Dabei wird seine Oberfläche porös und saugt aromatische Saucen auf wie ein Schwamm. Als Fleischersatz ist Tofu Käse, weil man Speisen schlicht durch herzhafte Gemüse Geschmack und Substanz verleihen kann. Aber manchmal braucht man die weiche Milde von Tofu, sei es für ein leichtes, aber delikates Gericht wie frittierten Tofu in Dashi (Seite 98), sei es als Gegenpol zu einer intensiven Sauce oder Brühe wie in Tofu Gyoza (Seite 103), sei es für Tofubratlinge (Seite 74).

2 PILZE

Wenn Sie sich auf die kulinarische Reise durch Japan machen, stehen bei Pilzen **getrocknete Shiitake** an erster Stelle. Warum? Einmal kann man Dashi aus ihnen machen und sie zweitens, sobald sie eingeweicht wurden, als Pilze verwenden. Beim Trocknen reichert sich ihr Geschmack an, und es entsteht mehr von dem Umami-Stoff Guanylsäure, sie schmecken also extrem »fleischig«. Frische Shiitake sind ebenfalls eine gute Wahl, und natürlich bieten Supermärkte inzwischen eine reiche Auswahl an anderen japanischen Pilzen wie den spindeldürren **Enoki,** den schmackhaften **Eringi,** die man in Deutschland als braune Kräuterseitlinge kennt, und den nussigen **Shimeji.** Aber auch die guten alten weißen Champignons oder die braunen sind wunderbar. Ich finde, sie passen wirklich gut zu Sojasauce und Sake.

3 MEERESALGEN

Die drei Algensorten, mit denen Sie sich zuerst anfreunden sollten, sind Kombu, Nori und Wakame. **Kombu** ist getrockneter Riementang und die Grundlage für Dashi (Seite 33–34), er kann aber auch eingeweicht und für Salat oder eingelegtes Gemüse klein gehackt werden. **Nori** sind dunkelgrüne, getrocknete Blätter aus Purpurtang, die meist zum Umwickeln von Sushi gebraucht werden, aber man verwendet sie auch als Flocken oder Schnitzel zum Garnieren. **Wakame** sind die feinen, spinatähnlichen Blätter der Braunalge, die in der Misosuppe schwimmen oder einen leichten, frischen Salat ergeben wie auf Seite 86 den Gurken-Wakame-Salat mit Gewürzessig. Da sie getrocknet sind, halten sie sich ewig.

4 EINGELEGTES GEMÜSE

Eingelegte Gemüse geben jeder Mahlzeit einen ausgesprochen japanischen Touch. Eine Schüssel mit Reis ist einfach eine Schüssel Reis, aber eine Schüssel Reis mit japanischem, eingelegtem Gemüse obendrauf ist eine *japanische* Schüssel Reis. **Eingelegter Ingwer** ist die gebräuchlichste Art; es gibt ihn als **Gari** (dünn gehobelt, etwas süß und fast ausschließlich als Beilage für Sushi verwendet) oder als **Beni Shōga** (in Streifen geschnitten, kräftig rot, als Garnitur für kräftigere Speisen wie Yakisoba oder gebratenen Reis). Falls Sie im Asia-Laden kein eingelegtes Gemüse finden, machen Sie es einfach selbst – die Rezepte auf Seite 56–60 zeigen Ihnen, wie.

5 NUDELN

Nudeln machen glücklich, weiß man. Aber keiner weiß, warum – es muss damit zu tun haben, dass sie mit so viel Genuss gefuttert werden können, dass sie so lustvoll zwischen den Zähnen zerquetscht werden, dass sie den Magen füllen, als würde man ein Kissen stopfen. Nudeln sind einfach das Beste.

Mein Liebling sind **Ramen:** Weizennudeln, die mit basischem Wasser hergestellt werden, was zu ihrem lebhaften Biss führt und dazu, dass sie selbst nach einem langen Bad in heißer Brühe fest und knackig sind. **Soba** sind ebenfalls fantastisch. Sie sind aus Buchweizenmehl, haben daher einen nussigen Geschmack, sind spröde, aber al dente. **Udon** mag ich am wenigsten: Diese Nudeln sind teigig und zäh, erinnern in der Konsistenz an Klöße, was aber sehr befriedigend sein kann. Und dann gibt es noch **Somen:** Besonders delikate Fadennudeln, die man am besten kalt serviert, damit sie ihre Form behalten. Die meisten japanischen Nudeln werden getrocknet verkauft. Die einzige Sorte, die Sie ausschließlich frisch kaufen sollten, ist Udon – die getrockneten Udon sind nicht dick genug. Und was Soba anbelangt: Soba sollten vollkommen gerade sein, dünn, vierkantig und vom Buchweizenmehl her grau und körnig aussehen. Normalerweise sind sie mit Papierstreifen zu kleinen Bündeln geschnürt. Sie sollten unbedingt lernen, Soba von Faux-ba zu unterscheiden, um schwere Nudelenttäuschung zu vermeiden.

6 GERÖSTETE SESAMSAMEN

In der japanischen Küche werden Sesamsamen fast immer geröstet, was ihnen einen leckeren, reichen Nussgeschmack und Knusprigkeit verleiht. Das können Sie auch selbst – geben Sie sie in eine trockene Pfanne, schalten Sie auf mittlere Hitze und lassen Sie sie unter häufigem Rühren goldbraun und aromatisch werden. Im Mörser zerkleinert werden sie noch schmackhafter. Sie können sie auch vorgeröstet kaufen, aber ehrlich: Die taugen nicht viel.

7 GERÖSTETES SESAMÖL

Geröstetes Sesamöl liefert das berauschende Aroma gerösteter Sesamsamen in bequemer, weil flüssiger, Form. Es ist für japanisches Soulfood wie Sesamdressing (Seite 42), Gyoza (Seite 102–103) und würzige Sesam-Aubergine-Zucchini-Ramen (Seite 142) unerlässlich. Ich finde, dieses Öl ist auch ein effektives Heilmittel für alle sonstigen geschmacklichen Mängel: Fehlt einem Gericht »irgendwas«, kann ein Spritzer Sesamöl Wunder wirken.

8 PANKO

Panko sind leichte, luftige Brotkrumen, die als Paniermehl eine herrlich knusprige Kruste erzeugen. Viele Supermärkte verkaufen es inzwischen, aber seien Sie gewarnt: Manche Panko-Eigenmarke übertreibt es mit der Rauheit – statt Krumen tütet sie Brotstückchen ein. Mit denen aber kann man schwer arbeiten, weil sie gern verklumpen; kaufen Sie also wenn möglich eine japanische Marke.

9 TONKATSU-SAUCE

Tonkatsu-Sauce ist eine Art braune Sauce, gerne auch Katsu-Sauce oder Katsu abgekürzt. Sie schmeckt ähnlich wie die britische braune HP-Würzsauce, hat aber einen fruchtigeren Geschmack, wie etwa die Worcestershire-Sauce, ist süßer und hat mehr Umami. Sie bekommen Tonkatsu-Sauce in einigen Supermärkten, vor allem die bekannteste Marke Bulldog, die ganz gut ist – doch ist es auch ziemlich einfach, Katsu selbst zu machen (Seite 47).

10 SHICHIMI TŌGARASHI

Shichimi Tōgarashi (manchmal auch Nanami Tōgarashi) heißt übersetzt Sieben-Gewürze-Chili, und genau das ist es – eine Mischung aus Chilipulver mit sechs anderen aromatischen Zutaten, normalerweise schwarzen und weißen Sesamsamen, Nori, getrockneter Orangenschale, getrocknetem Ingwer, Szechuanpfeffer, Hanfsamen oder weißen Mohnsamen. Manchmal wird es als Tōgarashi angeboten, was aber falsch ist, denn das bedeutet Chili. Manchmal sieht man

Tōgorashi: noch falscher, denn das ist nicht einmal ein Wort. In Japan wird es normalerweise zu Shichimi abgekürzt, aber egal wie man es nennt, es ist einfach köstlich – es ist nicht nur würzig, sondern auch fruchtig und nussig. Nur wenige Rezepte schreiben es vor, doch man sollte es als Allzweckgewürz bei der Hand haben. Die Kombi aus Sojasauce und Shichimi ist in Japan das, was für uns Salz und Pfeffer sind.

11 | YUZU-SAFT

Yuzu – die wahre Königin der Zitruspflanzen. Als ein Hybrid aus der Mandarin-Orange und der Ichang-Zitrone ist die Yuzu eine Art Superfrucht. Sie riecht nach Limette, Zitrone und Grapefruit, außerdem hat sie eine entschiedene Kräuternote, die an Thymian und Piniennadeln erinnert. Mittlerweile kann man Yuzu-Saft in Supermärkten kaufen, aber machen Sie sich darauf gefasst, dass Sie dafür ziemlich abdrücken müssen: Die Frucht ist mit dicken Kernen gespickt und eher trocken, ihr Saft kostet also mehr als so mancher Single Malt Whisky. Kaufen Sie ihn, wenn Sie können, denn er ist köstlich – wirklich notwendig ist er nicht. Und meiden Sie Yuzu-Saftmischungen – sie enthalten Essig und andere Zitrusfrüchte, was sie billiger, aber nicht besser macht. Sollten Sie der Yuzu skeptisch gegenüberstehen, halten Sie sich besser an Limetten und Zitronen.

VEGANES ZEUG

Falls Sie bereits herumrennen und massenhaft japanische Zutaten kaufen, wäre es nicht fair, Ihnen jetzt auch noch haufenweise neue vegane Lebensmittel aufzudrücken. Es ist auch nicht wirklich nötig. Nur eine Handvoll Rezepte in diesem Buch verlangt Fleischersatz oder milchlosen Käse, und Sie können beides jeweils auch weglassen, weil die Rezepte auch ohne gut sind. Womöglich wollen Sie für alle Rezepte mit Panade Ei-Ersatz in Ihren Einkaufswagen legen, aber ich beschreibe Ihnen auf Seite 46 ein anderes Substitut. Ergänzend nenne ich hier zwei Zutaten, die ich beim Kochen immer hilfreich finde, besonders aber in veganen Rezepten: nämlich Pilzketchup und Nährhefe oder Hefeextrakt.

Pilzketchup schmeckt ähnlich wie Worcestershire-Sauce; es ist ein fantastischer Geschmacksverstärker, und man braucht es für Tonkatsu-Sauce (Seite 47) sowie Yakisoba-Sauce.
Nährhefe wird manchmal in Form von Hefeflocken angeboten. Sie hat ein wirklich reiches, nussiges, fast käseartiges Aroma, während **Hefeextrakt** (Marmite, Vegemite etc.) eine massive Umami-Bombe ist, aber wahnsinnig salzig. Zu viel davon kann einen umhauen. Ein Typ auf Twitter schrieb mal, dass einige Hefeextrakte den Umami-Stoff Inosinsäure enthielten, wobei diese eigentlich nur in Fleisch und Fisch vorkäme. Ich weiß nicht, ob das stimmt, aber es würde erklären, was in diesen Extrakten für die Mega-Geschmacksentwicklung sorgt. Alle drei Zutaten sind in größeren Supermärkten, in Reformhäusern und online erhältlich.

SHŌJIN RYŌRI

DIE KÜCHE BUDDHISTISCHER MÖNCHE

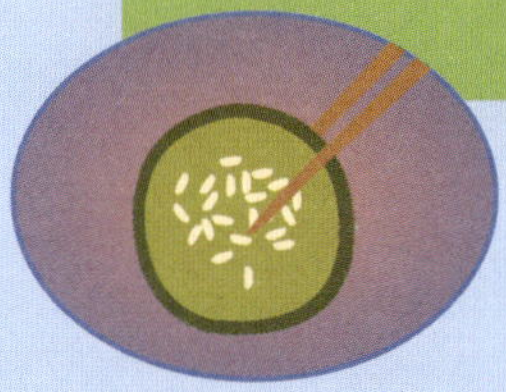

Als ich dieses Buch plante, wollte ich Rezepte aus dem Shōjin Ryōri vorstellen, also die traditionellen Gerichte, die in buddhistischen Tempeln gereicht werden. Aber je länger ich diese Kochtradition, von der ich nur eine vage Ahnung hatte, erforschte, desto besser verstand ich, dass sie in einem Buch wie dem meinen, das sich einfachen Rezepten widmet, keinen Platz hat. Und zwar nicht, weil die Gerichte des Shōjin Ryōri kompliziert wären – im Gegenteil, die meisten sind bezaubernd einfach –, sondern weil sie einem diffizilen Konzept von Balance, spirituellem Wohlergehen, Askese, Achtsamkeit und jahreszeitlichem Verlauf folgen, dem ich nicht gerecht werden konnte.

Nachdem das gesagt ist, kann ich hinzufügen, dass manche Rezepte dieses Buches dem, was in den Küchen buddhistischer Tempel entsteht, nicht unähnlich sind – die leichten Gerichte ohne viele Gewürze, die den natürlichen Geschmack saisonaler Gemüse unterstreichen. Probieren Sie Grünkohl mit zerstoßenem Sesam (Seite 67) oder in Dashi geschmorten Kürbis (Seite 71), wenn Sie wissen wollen, welche Aromen das Shōjin Ryōri kennzeichnen. Oder fliegen Sie besser gleich nach Japan. Flüge sind zurzeit erstaunlich billig.

WIE MAN EIN VEGANES JAPANISCHES MAHL KOCHT

Japanische Mahlzeiten folgen verschiedenen Regeln. Da ist einerseits die festliche Kaiseki-Kochtradition mit vielen anspruchsvollen Gängen, andererseits die simple Schüssel mit Ramen. Dazwischen gibt es alle möglichen Kombinationen, je nach Art der Gerichte und des Anlasses. Eines der wichtigsten Prinzipien ist Ichijū Sansai – »eine Suppe, drei Speisen« – eine Grundregel des vormodernen, formalen Banketts, die über die Jahrhunderte hinweg vereinfacht und angepasst wurde, bis sie zum heute gängigen, heimischen Essensstil wurde. Trotzdem ist das Ganze weniger einfach, als es klingt – zusätzlich zu den »drei Speisen« sollte ein Essen auch Reis und eingelegtes Gemüse bieten, macht also insgesamt sechs (!) Gerichte für eine Mahlzeit. Zugegeben, Reis zählt kaum als Gericht, Misosuppe geht megafix (ist auch als Tütensuppe okay) und eingelegtes Gemüse kann man fertig kaufen, aber trotzdem ist das Ganze ein bisschen viel für einen Dienstagabend, finden Sie nicht?

Glücklicherweise werden diese Regeln nicht hundertprozentig eingehalten; man muss sie einfach im Hinterkopf haben, wenn man ein japanisches Essen plant. Die Kombination Reis-Suppe-Gemüse wäre schon mal ein guter Start. Wenn Sie dann noch ein weiteres Gericht dazustellen – etwas Herzhaftes wie geschmortes Wurzelgemüse oder etwas Deftiges, Kurzgebratenes –, dann haben Sie ein ausgewogenes, sehr befriedigendes Abendessen vor sich. Oft brauchen Sie nicht einmal Suppe und eingelegtes Gemüse, denn manche Beilagen sind eigenständige Gerichte, etwa die Reisgerichte auf den Seiten 160–168 oder alles, worin Nudeln die Grundzutat bilden (Seite 142–158). Diese Gerichte werden manchmal mit weiteren Kleinigkeiten serviert, z. B. eingelegtes Gemüse mit einem Teller Curry oder Gyoza mit Ramen, aber diese Zusätze sind quasi ein Bonus, kein notwendiger Bestandteil der Mahlzeit.

Das alles nur, um zu sagen, dass keine strengen Regeln gelten – Gerichte können kombiniert und gemischt oder einzeln serviert werden, je nach Gusto. Ich denke immer an zwei Extreme, gesehen in Japan, bei denen die traditionellen Essgewohnheiten komplett über den Haufen geworden werden. Das erste sind die Ramen-Shops, die Reis servieren. Dieser doppelte Einsatz von Kohlenhydraten amüsiert mich immer, doch sehr viele Japaner glauben, ein Essen ohne Reis sei kein Essen, also muss Reis her! Und dann gibt es die Restaurants, die nur ein einziges Gericht anbieten: In der Stadt, in der ich lebte, gab es ein Gyoza-Lokal, in dem man sich mit Gyoza den Magen vollschlagen konnte. Das war's. Gyoza pur. Kein Reis, kein eingelegtes Gemüse, kein Salat, nichts. Einzige Beilage: Bier!

Bei jedem Rezept in diesem Buch ist aufgeführt, für wie viele Personen es gedacht ist, je nachdem, für welche Mahlzeit Sie es planen. Manche Gerichte reichen für zwei Personen, wenn sie als Hauptgang ohne etwas anderes serviert werden, aber kombiniert mit anderen Speisen reichen sie für vier. Was immer Sie kochen, Sie werden in den meisten Fällen **REIS** dazu brauchen. Also wollen wir mal lernen, wie man ihn kocht.

WIE MAN JAPANISCHEN REIS KOCHT

SCHWIERIGKEITSGRAD
Schwieriger als Kartoffeln, aber einfacher als Brot

ERGIBT 4 KLEINE PORTIONEN, 2–3 GROSSZÜGIGE PORTIONEN ODER 5–6 ONIGIRI (SEITE 64)

Der Weg zu gutem Reis ist mit Fehlschlägen gepflastert: so viele kreidige Körner, breiige Pasten und angebrannte Topfböden. Auf Twitter stellte mal jemand die Frage: »Was ist die eine Sache, die beim Kochen immer schiefläuft?«. Jede Menge bestens ausgebildeter, professioneller Köche antworteten: »REIS«. Japanischen Reis zu kochen ist besonders trickreich, denn er wird eher gedämpft als gekocht, was bedeutet, dass das Timing und die Mengen präziser sein müssen. Aber sobald Sie Zeit und Maß im Griff haben, ist es wirklich sehr einfach.

Beim Reiseinkauf stoßen Sie vermutlich auf so etwas wie »Sushireis«. Das ist schlicht japanischer Reis mit dem falschen Etikett. Sushireis ist nicht irgendeine besondere Reisart, sondern Reis der besonders behandelt und gekocht wurde, damit man Sushi aus ihm formen kann (Seite 106). Ich habe keine Ahnung, warum sich so viele Hersteller für eine derart verwirrende Namensgebung entscheiden, aber so ist es nun mal. Jedenfalls kaufen Sie den japanischen Reis besser im asiatischen Supermarkt, falls möglich, denn dort ist er viel preiswerter.

Sie brauchen einen Topf mit passgenauem Deckel. Oder einen Reiskocher! Ehrlich gesagt, wenn Sie einen Reiskocher haben, vergessen Sie das Folgende und tun Sie das, was der Reiskocher verlangt.

300 g japanischer Reis
390 ml Wasser

Das Verhältnis von Reis zu Wasser ist 1 zu 1,3 (Gewicht) oder 1 zu 1,1 (Volumen). Sie brauchen etwa 75 Gramm Reis pro Portion. Bildet der Reis den Löwenanteil der Mahlzeit (wie bei gebratenem Reis oder in Reis-Bowls), dann eher 100 Gramm, aber nur 50 bis 60 Gramm wenn Sie Reisbällchen machen oder nicht so scharf auf Kohlenhydrate sind. Halten Sie sich lieber an die Waage, die ist akkurater als ein Messbecher.

Geben Sie den Reis in einen flachen Topf und waschen Sie ihn. Füllen Sie dazu den Topf mit Wasser, schwenken Sie die Reiskörner darin, rühren Sie sie mit den Fingern durch, kippen Sie dann das Wasser aus. Wiederholen Sie diesen Vorgang 3- bis 4-mal. So waschen Sie die überschüssige Stärke, die den Reis teigig werden lässt, aus. Geben Sie jetzt die abgemessene Menge Wasser in den Topf. Wenn Sie Zeit haben, lassen Sie den Reis 15 bis 30 Minuten quellen, er wird dann beim Kochen gleichmäßig weich. Wenn Sie die Zeit nicht haben, keine Sorge – der Reis wird trotzdem gut.

Bringen Sie das Wasser zum Kochen*. Legen Sie dann den Deckel auf den Topf und stellen Sie die Temperatur auf niedrigste Stufe – den Herd nicht ausschalten, der Reis soll weiter köcheln, aber eben bei niedriger Temperatur. Stellen Sie die Eieruhr auf 15 Minuten. Lassen Sie den Deckel drauf und geben Sie dem Drang, ständig nachzusehen, nicht nach – der Reis wird prima!

Klingelt die Eieruhr, schalten Sie den Herd aus und lockern den Reis mit Stäbchen oder mit einer Gabel etwas auf; dabei schneiden und falten Sie den Reis eher, als dass Sie ihn graben und schaufeln, denn dabei zerdrücken Sie die Körner. Legen Sie den Deckel wieder auf den Topf und lassen Sie den Reis noch 5 bis 10 Minuten ziehen, damit der restliche Dampf die Körner weiter weich werden lässt und der Reis sich vom Topfboden löst. Schließlich schütteln Sie den Reis noch einmal leicht auf, dann servieren Sie ihn und lassen es sich schmecken!

* Eine Induktionsplatte stellen Sie auf mittlere Stufe; hohe Hitzegrade würden hier den Reis zu schnell erreichen, wären zu intensiv, würden die Körner zusammenkleben lassen und verbrennen.

REIS AUFBEWAHREN UND AUFWÄRMEN

Herkömmliche Kochregeln verlangen, dass Reis aus Gründen der Lebensmittelsicherheit nicht wieder aufgewärmt werden sollte. Das ist so sonderbar wie falsch. Es ist absolut ungefährlich, Reis wieder aufzuwärmen, und tatsächlich wird er in der Mikrowelle, egal ob vorher gekühlt oder gefroren, hübsch heiß. Keinesfalls allerdings sollten Sie lauwarmen Reis draußen stehen lassen: Eine Bakterie namens *Bacillus cereus* produziert Sporen, die man häufig in rohem Reis findet. Diese Sporen keimen bei 10 bis 50 °C und werden beim Aufwärmen nicht getötet, auch nicht bei kochender Hitze. Es geht also nicht ums Erwärmen, sondern ums Kühlen. Wenn Sie gekochten Reis übrig haben, kühlen Sie ihn in einem flachen, offenen Gefäß im Kühlschrank schnell herunter, decken Sie ihn dann ab und verzehren Sie ihn innerhalb weniger Tage. Oder frieren Sie ihn ein: Füllen Sie ihn portionsweise in kleine Behälter oder Plastikbeutel. Die können Sie bis zu drei Monate lang im Gefrierfach lagern. Zum Aufwärmen legen Sie sie einfach eine oder zwei Minuten in die Mikrowelle.

RANDBEMERKUNG DES KOCHS

- Zum Frittieren: Verwenden Sie ein neutrales, pflanzliches Öl wie Rapsöl oder Sonnenblumenöl. Nehmen Sie einen sehr großen, weiten und tiefen Topf; das Öl sollte nie höher stehen als acht Zentimeter unterhalb des Rands. Geben Sie niemals nasses Gemüse in heißes Öl. Überprüfen Sie die Temperatur des Öls mit einem Küchenthermometer – es gibt sie online sowie allenthalben in Küchenläden und Haushaltswarenshops. Frittieröl kann wiederverwendet werden: Sobald es abgekühlt ist, lassen Sie es durch ein feinmaschiges Sieb laufen und verschließen es in einem luftdichten Gefäß. Entsorgen Sie das Öl, sobald es deutlich dunkler aussieht. Gießen Sie es nie in den Abfluss, sondern in alte Gläser, die Sie verschließen. So darf es in die Restmülltonne.
- »Öl« meint immer neutrales, pflanzliches Öl.
- »Essig« bedeutet Reisessig.
- Reis sollte rundkörnig sein und aus Japan, Korea oder Taiwan stammen.
- Sojasauce bedeutet japanische Sojasauce und nicht Tamari, es sei denn, es ist anders angegeben.
- 1 EL = 15 ml; 1 TL = 5 ml.
- Verwenden Sie feines Salz, es sei denn, es ist grobes Salz angegeben.
- Verarbeiten Sie frische Zutaten, falls nicht extra gefroren, getrocknet oder aus der Dose angemerkt ist.
- Die genannten Ofentemperaturen beziehen sich auf Heißluftöfen.

GEWÜRZE,

調味料・ドレッシング・タレ・その他

SAUCEN & DRESSINGS

Japanisch zu kochen ist easy. Noch einfacher wird es, wenn Sie ein paar Notfallsaucen vorrätig haben, zu denen Sie greifen können, sobald Sie Hunger auf Japan bekommen. Wenn Sie lieber alles ganz frisch zubereiten – diese Saucen können Sie im Handumdrehen zusammenrühren.

DASHI

Der japanische Ernährungsspezialist Akemi Yokoyama nennt zwei geschmackliche Grundsteine der japanischen Küche: Der eine ist **Kōji,** ein Schimmelpilz mit dessen Hilfe man Grundnahrungsmittel wie Sojasauce, Miso und Sake fermentieren lässt. Der andere ist **Dashi,** die leichte Brühe aus Meeresalgen und (normalerweise) getrocknetem Fisch. Dashi verleiht dem japanischen Speisezettel tatsächlich dermaßen viel Umami, dass man sich japanisches Essen ohne Dashi eigentlich nicht vorstellen kann. In den heimischen Küchen stellt man Dashi aus Instantpulver her, eine gängige und überraschend leckere Mogelei, die ich von ganzem Herzen befürworte. (Achten Sie darauf, dass Sie Kombu-Dashipulver kaufen, nicht Katsuo-Dashipulver, denn Letzteres enthält Fisch.) Aber Sie können Dashi auch einfach selbst machen – wenn Sie jemals Tee zubereitet haben, haben Sie in etwa dieselbe Prozedur durchgestanden.

Das traditionelle vegane Dashi wird aus Kombu (getrocknetem Riementang), manchmal unter Zusatz von getrockneten Pilzen, aufgebrüht. Ich habe außerdem ein Rezept für ein drittes Dashi mit zusätzlichen Meeresalgen für Sie notiert. Die drei Brühen kann man wahlweise verwenden. Wo ich meine, die eine würde sich besser eignen als die andere, habe ich es jeweils vermerkt.

DREI ARTEN VON VEGANEM DASHI

GERÖSTETES KOMBU-DASHI

ERGIBT ETWA 450 ML

Dashi mit Katsuobushi hat ein starkes Aroma von Rauch und Fisch. Auch wenn das traditionelle Kombu-Dashi wirklich köstlich ist, hat es dennoch nicht dieselbe Wucht wie Katsuo-Dashi. Also, wie kriegt man sein verwegen rauchiges Aroma in ein veganes Dashi?

Sie wissen vermutlich schon, dass man Nori, bevor sie in Sushi verwandelt werden, röstet, um ihren Geschmack zu intensivieren und ihr Gewebe mürbe zu machen. Ich fragte mich also, ob Kombu nicht von der nämlichen Behandlung profitieren könnte. Ein Toaster, so stellte sich schnell heraus, erwies sich als problematisch: Er war zu effektiv. Er röstete den Tang zu schnell und hüllte meine Küche in beißenden Seetangrauch. Außerdem wurde der Tang zu brüchig. Und das Dashi schmeckte, als hätte ich es aus den Überresten eines Lagerfeuers gekocht.

Für meinen nächsten Versuch röstete ich das Kombu über der offenen Flamme meines Kochfelds, sodass es leicht braun wurde, an manchen Stellen ankokelte und einen starkes, nussiges, pilzähnliches Aroma entwickelte. Dann ließ ich es eine Weile in heißem Wasser ziehen, wie man es mit Dashi eben so macht. Ehrlich gesagt: Das Raucharoma, auf das ich so scharf war, ging dabei flöten, aber es entstand das womöglich geschmacksintensivste Kombu-Dashi, das ich jemals gekostet habe. Es schmeckte außergewöhnlich reich am Gaumen, beinahe süß – ein Geschmac, den die sensorische Forschung als vollmundig bezeichnet. Es ist wirklich ziemlich gut, ich will ja nicht angeben, und es ist unglaublich einfach zu machen.

10 g Kombu (ein etwa 10 x 4 cm großes Stück)
500 ml kaltes Wasser

Halten Sie den Kombu mit einer Zange etwa 5 Zentimeter über die Flamme Ihres Gasherdes und drehen und wenden Sie ihn, damit er gleichmäßig röstet. Er sollte an einigen Stellen schwarz werden, aber nur an wenigen. Die Aktion sollte nur ein paar Minuten dauern. Wenn Sie keinen Gasherd haben, können Sie dens Kombu auf dem Bratrost unter den Grill legen. Behalten Sie ihn im Auge, damit er keine Blasen wirft oder verbrennt.

Den angerösteten Kombu legen Sie ins Wasser, das Sie auf niedriger Stufe langsam zum Köcheln bringen – lediglich ein paar Bläschen sollten an die Oberfläche steigen. Nehmen Sie dann den Topf vom Herd und lassen Sie dens Kombu mindestens eine halbe Stunde lang ziehen (je länger, desto besser). Dann gießen Sie ihn durch ein feinmaschiges Sieb und stellen ihn in den Kühlschrank, wo er bis zu 1 Woche lang haltbar ist.

PROFI-TIPP: Sie wollen exzeptionelles Dashi machen? Dann nehmen Sie weiches Wasser. Das klingt protzig, ich weiß, aber es macht wirklich einen Unterschied. Wenn Ihr Leitungswasser hart ist, besorgen Sie sich destilliertes Wasser oder Wasser mit niedrigem Mineralstoffgehalt. Egal welches Wasser, lassen Sie es keinesfalls kochen, während der Kombu zieht. Denn gerade Kombu verliert bei hoher Hitze viel von seinem Geschmack, also stellen Sie die Temperatur niedrig und behalten Sie Ihr Dashi im Auge.

SCHWIERIGKEITSGRAD
0% schwierig

DREI ARTEN VON VEGANEM DASHI

FORTSETZUNG

PILZ-DASHI

ERGIBT ETWA 350 ML
PLUS DIE VOLLGESOGENEN PILZE

Pilz-Dashi hat ein umwerfend reiches Aroma, und als Bonus kann man die Pilze essen, sobald sie sich mit Wasser vollgesogen haben. Die Steinpilze sind nicht traditionell japanisch, Sie müssen sie auch nicht verwenden, aber ich liebe ihre dunkle, erdige Note.

10 g Kombu (ein etwa 10 x 4 cm großes Stück)
15 g getrocknete Shiitakepilze
oder 10 g getrocknete Shiitakepilze plus
5 g getrocknete Steinpilze
500 ml kaltes Wasser

Geben Sie den Riementang und die getrockneten Pilze mit dem Wasser in einen Topf. Erhitzen Sie das Ganze langsam, bis es leise köchelt – lediglich ein paar Bläschen sollten an die Oberfläche steigen. Stellen Sie den Topf beiseite und lassen Sie das Ganze mindestens 1 Stunde lang ziehen. Es dauert eine Weile, bis sich die Shiitakepilze vollgesogen und ihr Aroma an die Brühe abgegeben haben. Nehmen Sie die Pilze aus dem Wasser, drücken Sie sie aus, wie Sie einen Schwamm ausdrücken, und gießen Sie die Brühe dann durch ein feinmaschiges Sieb. Im Kühlschrank hält sie sich bis zu 1 Woche, die Pilze bis zu 4 Tage.

DREIERLEI-ALGEN-DASHI

ERGIBT ETWA 400 ML PLUS AUSREICHEND WAKAME FÜR 4 SCHÜSSELN MISOSUPPE ODER 1 KLEINEN SALAT

Dieses Dashi baut auf den salzigen Geschmack von Kombu in Verbindung mit zwei weiteren Algenarten, Nori und Wakame, um ein komplexes, ozeanisches Aroma mit massivem Umami zu garantieren. Es ist eine fantastische Brühe für Misosuppe, in der die gewässerten Wakame-Algen auch ihren Platz finden.

10 g Kombu (ein etwa 10 x 4 cm großes Stück)
1 Blatt Nori-Algen
5 g getrocknete Wakame-Algen
500 ml kaltes Wasser

Legen Sie alle Algen in einen Topf mit dem Wasser und bringen Sie das Ganze bei niedriger Temperatur langsam zum Köcheln – lediglich ein paar Bläschen sollten dabei an die Oberfläche steigen. Nehmen Sie den Topf vom Herd und lassen Sie die Algen mindestens eine halbe Stunde lang ziehen. Gießen Sie dann die Brühe durch ein feinmaschiges Sieb und stellen Sie sie in den Kühlschrank, wo sie sich bis zu 1 Woche lang hält. Retten Sie die Wakame für ihre spätere Verwendung in einem Salat oder einer Suppe; im Kühlschrank halten sie sich etwa 4 Tage

MIT TSUYU GEPIMPTES DASHI

ERGIBT ETWA 350 ML

Tsuyu ist im Grunde gewürztes, konzentriertes und daher geschmacksintensiveres Dashi. Man nutzt es als Dip, besonders für Nudeln oder Tempura, aber auch als flüssige Grundlage für Brühen. Dafür gießt man es nur mit Wasser auf. Tsuyu aus dem Supermarkt enthält normalerweise Katsuobushi, ist also ein No-Go für Veganer. Ohnehin lässt es sich sehr einfach selbst machen. Es steigert außerdem die Haltbarkeit von Dashi, sodass Sie es bei Bedarf immer vorrätig haben.

400 ml Dashi (egal welches, siehe Seite 33–34)
6 TL Sojasauce
4 TL Mirin

Bringen Sie das Dashi zum Kochen und reduzieren Sie es auf etwa die Hälfte ein. Nehmen Sie es vom Herd, rühren Sie Sojasauce und Mirin hinein. Lassen Sie das Ganze abkühlen, füllen Sie es in ein Deckelglas und stellen Sie es in den Kühlschrank, wo es sich bis zu 1 Monat lang hält.

In dieser Form können Sie es als Dip anbieten: Es reicht für 4 Portionen Tempura oder für 2 Portionen kalte Nudeln (fügen Sie etwas geriebenen Daikon oder geraspelten Rettich hinzu, damit das Tsuyu besser an der Pasta haftet).

Für eine Brühe füllen Sie es einfach mit Wasser auf (etwa 200 Milliliter reichen aus), bis es wie ein gut gewürztes Dashi schmeckt. Ist wirklich lecker in einer Schüssel mit heißen Nudeln oder als Basis für andere Gerichte!

INFO Daikon ist eine Art großer weißer Rettich, der von den Briten oft auch Mooli genannt wird, weil das sein Name auf Urdu ist. Sein Geschmack ist eine Kreuzung aus Rettich und Rübe. In den meisten Fällen kann man ihn durch Rettich ersetzen.

SCHWIERIGKEITSGRAD

Glauben Sie wirklich, ich würde dieses Rezept in mein Buch aufnehmen, wenn es die ultimative kochtechnische Challenge wäre?

SÜSSE MISOSAUCE

ERGIBT ETWA 400 ML

Diese delikate und vielseitige Sauce heißt auf japanisch *dengaku miso*. Sie gehört zu einer ganzen Menge an traditionellen veganen Gaumenfreuden, als da wären gegrillte Auberginen, Tofu, Klöße und gesottenes Gemüse. Pur ist sie fantastisch! Sie karamellisiert, wenn man sie erhitzt, daher mag ich sie am liebsten auf Gerichten, die gegrillt oder starker, trockener Hitze ausgesetzt werden. Nichts einfacher, als sie herzustellen – man rührt alle Zutaten zusammen. Im Kühlschrank hält sie sich ewig, deshalb habe ich das Rezept für ein großes Quantum berechnet (aber rechnen Sie die Mengen herunter, wenn Sie wollen).

300 g Miso (Ich bevorzug eine Mischung aus weißem und rotem Miso dafür. Müsste ich mich entscheiden, würde ich rotes nehmen.)
6 EL Mirin
50–60 g Zucker (egal welcher)
nach Geschmack 3 TL Wasser oder Sake
1½ TL Essig (optional, nicht traditionell, aber ich mag's)

Verrühren Sie alles miteinander, bis das Miso keine Klümpchen mehr aufweist und sich der Zucker aufgelöst hat. Hält sich in einem Glasgefäß mit Deckel bis zu 6 Monate im Kühlschrank.

SCHWIERIGKEITSGRAD

Sie sehen ja selbst, wie unschwierig das ist.

SÜSSE SOJASAUCE

ERGIBT ETWA 300 ML

Dabei handelt es sich um eine gesüßte, eingedickte Sojasauce, ähnlich der klassischen Teriyaki-Sauce, der Yakitori-Sauce oder der Kabayaki-Sauce, auch Aalsauce genannt. Alle drei sind sich ähnlich. Sie variieren nur in der Menge der jeweiligen Zutaten. Wie die Süße Misosauce (Seite 39), ist die Süße Sojasauce ein toller »Japanifizierer«, den man im Kühlschrank haben sollte. Ähnlich der Süßen Misosauce wird sie noch besser, wenn man sie karamellisiert. Sie ist fantastisch, reich an Geschmack, vollmundig, ein Must-have und geradezu unbeschreiblich köstlich, wenn man sie in Mayonnaise einrührt oder mit etwas scharfer Chilisauce aufbrezelt.

Außerdem hält sie sich Ewigkeiten. In der rechten Spalte sehen Sie, wie Sie sie Ihren persönlichen Vorlieben anpassen können.

100 ml Sojasauce
15 g Maisstärke
150 ml Sake
3 TL Mirin
50 g heller Rohrzucker

Rühren Sie 3 bis 4 Teelöffel Sojasauce in die Maisstärke, damit Sie einen halbflüssigen Brei erhalten. Geben Sie die restliche Sojasauce mit Sake, Mirin und Zucker in eine Kasserolle. Bringen Sie die Mischung zum Brodeln und lassen Sie sie ein paar Minuten simmern, bis sich der Alkohol des Sake verflüchtigt hat. Mit einem Schneebesen arbeiten Sie den Soja-Maisstärke-Brei in die Flüssigkeit, die Sie weiter simmern lassen, bis sie eingedickt ist. Probieren Sie sie und justieren Sie bei Bedarf nach:

WENIGER SALZIG → Geben Sie mehr Sake oder mehr Mirin dazu.

WENIGER SÜSS → Geben Sie mehr Sojasauce oder Sake hinzu.

SÜSSER → Mehr Zucker (nee, oder?)

SALZIGER → Fügen Sie mehr Sojasauce oder 1 Prise Meersalz hinzu.

MEHR UMAMI → Gießen Sie etwas Dashi an oder geben Sie ein kleines Stück Kombu dazu.

VOLLMUNDIGER → Nehmen Sie Tamari statt Sojasauce oder dunklen statt hellen Zucker oder dicken Sie die Sauce mit Maisstärke ein.

VIELSCHICHTIGER → Geben Sie, während die Sauce köchelt, ein paar zerdrückte Knoblauchzehen hinein, frisch gestoßenen schwarzen Pfeffer, etwas getrocknetes Chili und/oder frisch geriebene Ingwerwurzel und lassen Sie das Ganze ziehen.

SCHWIERIGKEITSGRAD

Teriyakimäßig einfach

GEWÜRZTER ESSIG

ERGIBT ETWA 300 ML

Gewürzter, gesüßter Reisessig ist Bestandteil vieler japanischer Gerichte, z. B. von Sushi, Salat und eingelegtem Gemüse. Seine verschiedenen Spielarten unterscheiden sich in den zugegebenen Mengen an Salz und Zucker; dieses Grundrezept passt für alle und kann mit kleinen Zugaben geschmacklich für das jeweilige Rezept abgewandelt werden. Oder Sie kaufen einfach den sogenannten Sushi-Essig im Asia-Supermarkt – er ist lecker. Was ist einfacher für Sie? Zum Laden gehen oder daheim die nebenstehenden Zutaten zusammenrühren?

250 ml Reisessig
80 g weißer oder brauner Zucker
1 TL Salz
1 kleines Stück (etwa 5 x 2 cm) Kombu oder ½ TL Kombu-Dashipulver

Geben Sie alles zusammen in einen kleinen Topf und bringen Sie es auf kleiner Hitze zum Köcheln. Rühren Sie dabei um, bis sich Salz und Zucker aufgelöst haben, und nehmen Sie dann den Topf vom Herd. Wenn Sie Kombu verwenden, lassen Sie den Essig mindestens 20 Minuten lang ziehen. Sobald er abgekühlt ist, gießen Sie ihn in eine Glasflasche. Bei Zimmertemperatur hält er sich ewig. Sie können den Kombu ruhig darin lassen – er wird dem Essig mit der Zeit mehr und mehr Umami verleihen.

SCHWIERIGKEITSGRAD

Höchste Zeit, das Wörterbuch rauszukramen und das stärkste Gegenteil von »schwierig« nachzuschlagen

SATT GERÖSTETES SESAMDRESSING

ERGIBT 500 ML

Dieses Sesamdressing ist ein klasse Stoff, so cremig und würzig, dass es süchtig macht. Mit seinem unwiderstehlichen, nussigen Sesamgeschmack ist es wirklich eindrucksvoll. Sie können es im Asia-Markt kaufen (was Sie unbedingt tun sollten, denn es ist lecker und erschwinglich), aber es ist mit ganz normalen Zutaten aus dem Supermarkt auch megaeinfach selbst gemacht. Dieses Rezept steigert das »roasty-toasty« Aroma, weil die Sesampaste in der Pfanne geröstet wird, bis sie einen bittersüßen Karamellgeschmack hat.

100 g Tahini
100 g Sesamsamen
300 ml Sojamilch
2 TL Sesamöl
90 ml Essig
2 TL weißer oder brauner Zucker
90 ml Sojasauce
½ TL Salz
½ TL Dashipulver

Geben Sie das Tahini mit den Sesamsamen in eine Pfanne oder eine Kasserolle, idealerweise mit Antihaftbeschichtung und rösten Sie es auf mittlerer Hitze unter ständigem Rühren etwa 10 Minuten, bis es sichtlich mehr Aroma und einen dunkleren Farbton zeigt. (Er sollte sich von karamellfarben in … sagen wir »taupe« verwandelt haben.) Die Mischung füllen Sie in eine Schüssel um, und sobald sie etwas abgekühlt ist, vermischen Sie sie mit den übrigen Zutaten. Dabei rühren Sie, bis sich der Zucker aufgelöst hat. Das Dressing hält sich im Kühlschrank 1 Woche. Danach schmeckt es etwas schal; wenn Sie Angst haben, es nicht schnell genug zu verbrauchen, halbieren Sie einfach die Zutatenmengen.

SCHWIERIGKEITSGRAD

Verschwindend, nicht schwindelerregend

VEGANE JAPANISCHE MAYO

ERGIBT 280 ML

Als ich diese Mayo erstmals machte, fiel mir zweierlei sofort auf: 1) Das ist so unglaublich »easy«, fast sicher die simpelste Mayo, die ich jemals produziert habe, und 2) sie ist echt, echt, echt lecker. Japanische Mayonnaise – insbesondere die Marke Kewpie – ist für ihren intensiven Geschmack und ihre weiche, cremige Konsistenz bekannt. Beides rührt daher, dass man statt ganzer Eier nur Eigelb sowie andere würzige Zutaten wie Malzessig und MNG für sie verarbeitet. Also war ich echt überrascht von dem Ergebnis, denn ich hatte keine Eier, sondern Sojamilch als Emulgator verwendet und die Finger vom MNG gelassen. Wenn man die Mayo schlägt, wird die Sojamilch leicht und luftig. Sie sorgt auch für einen vagen Anklang an Tofuaroma, der nicht wirklich authentisch ist, aber dennoch gut zu japanischen Gerichten passt. Die Mayo ist wirklich fantastisch – wenn Sie jemals zögerten, Mayonnaise selbst zu machen, werden Sie nach diesem Rezept beherzt zum Mixer greifen!

100 ml ungesüßte Sojamilch
1 TL Nährhefeflocken
2 TL Senf (am besten Dijon, aber jeder Senf tut's, nur der körnige nicht)
½ TL Sojasauce
½ TL Salz
180 ml geschmacksneutrales, leichtes Pflanzenöl (Sonnenblumenöl eignet sich gut)
1 TL Essig

Schütten Sie alles (ja, alles, sogar das Öl) in die Küchenmaschine oder in den Becher Ihres Stabmixers. Mixen Sie das Ganze etwa 1 Minute lang, bis die Mischung dicklich wird. (Es kann sein, dass Sie Reste an den Gefäßwänden ein-, zweimal abschaben müssen.) Ersatzweise können Sie alles in eine Schüssel geben und mit dem Schneebesen schaumig rühren, bis es 13 geschlagen hat und sich alles verbindet. Die Sojaproteine bilden einen Schaum, der immer luftiger wird, je länger Sie ihn schlagen. Wenn die Mayonnaise superleicht und luftig sein soll, schlagen Sie sie lange. Soll sie fester und cremiger sein, lassen Sie's früher gut sein.

SCHWIERIGKEITSGRAD

Leichter (und leckerer) als die meisten Mayos, die ich kenne

PONZU

ERGIBT ETWA 250 ML

Ponzu ist nicht nur eine der lieblichsten Gewürzsaucen der japanischen Küche, es ist eine der lieblichsten Gewürzsaucen der Welt. Außerdem macht es Spaß, »Ponzu ponzu ponzu« zu sagen. Diese Verbindung aus zitroniger Säure, die einem den Gaumen zusammenzieht, mit der runden Delikatesse der Sojasauce ist einfach genial und genial einfach.

*Werden Sie ruhig kreativ mit dem Zitruselement. Wenn Sie Yuzu-Saft bekommen können, wäre das eine fantastische (aber teure) Möglichkeit; Sie können aber auch mit Orange und Grapefruit experimentieren – nur vergessen Sie nicht, dass das Ergebnis knackig sauer sein sollte. Wenn Sie also eher milde Zitrusfrüchte verarbeiten, fügen Sie etwas Zitrone oder Limette hinzu, damit Ihr Ponzu schön herb gerät. Außerdem empfehle ich etwas Bergamotte, allerdings kommt man da nicht so leicht dran – diese Zitrusfrucht hat ein blumiges, dem Zitronengras ähnliches Aroma, das die Sauce sehr reizvoll macht.

200 ml Sojasauce
Saft von 2 Zitronen oder von 3–4 Limetten (oder eine Mischung aus beiden, etwa 3 TL Saft insgesamt *)
20–30 g weißer oder brauner Zucker (nach Geschmack)

Rühren Sie alles zusammen, bis sich der Zucker aufgelöst hat. Falls nötig, mit mehr Zucker abschmecken (die Sauce sollte nicht süß, aber auch nicht zu sauer sein; fügen Sie Zucker hinzu, falls Ihnen der Geschmack zu kantig ist).

SCHWIERIGKEITSGRAD

Nicht schwierig, nicht schwierig, zitronig, nicht schwierig

TEIG FÜR PANADEN

ERSETZT ETWA DIE MENGE VON 6 EIERN

Das ist vermutlich das langweiligste Rezept in diesem Buch, aber was ihm an Aufregung fehlt, macht es durch seine Funktionalität wett. Es soll die für Panaden nötige Viskosität und Klebrigkeit von Eiern imitieren, macht sich aber auch gut für Fish and Chips – wenn auch nicht so prima, meine ich, wie echter Tempurateig (Seite 118).

100 g Mehl
25 g Maisstärke
200 ml Wasser

Verrühren Sie Mehl und Maisstärke gut miteinander. Fügen Sie das Wasser hinzu und rühren Sie, bis sich alle Klümpchen aufgelöst haben. Hält sich im Kühlschrank etwa 4 Tage.

SCHWIERIGKEITSGRAD

Geradezu eileicht

TONKATSU-SAUCE

ERGIBT ETWA 500 G

Tonkatsu-Sauce ist eine süßsaure, braune Sauce, die natürlich zu Tonkatsu (gebratenen Schweinekoteletts) gereicht wird. Sie hat sich zu einem dominierenden Geschmack in der modernen japanischen Küche entwickelt, ähnlich wie ihre vielen Geschwister und Abkömmlinge, z.B. die Yakisoba-Sauce und die Okonomiyaki-Sauce. Sie erinnert an eine Mischung aus Worcestershire-Sauce und HP-Sauce, hat aber einen vielfältigeren, süßeren Ausdruck. Inzwischen bieten einige Supermärkte sie an – die beiden Marken, die Sie vermutlich finden werden, sind Bulldog und Otafuku – beide lecker (und vegan). Tonkatsu-Sauce ist einfach selbst herzustellen, aber die fertigen Produkte sind besser. Ich weiß, das ist nun wirklich nicht die Aussage, die man in einem Kochbuch treffen sollte, aber sie ist wahr. Es ist wie mit Ketchup – das, was Sie selbst kochen, wird wahrscheinlich niemals so gut schmecken wie Heinz-Ketchup. Tut mir leid, tut mir doch nicht leid. #heinz4life #heyheinzzahlmirdiewerbung

Das Gute an der selbst gemachten Tonkatsu-Sauce ist, dass Sie sie nach eigenem Gusto abschmecken können – mehr Essig macht sie saurer, mehr Tamarinde hilft, wenn Sie's gern fruchtig haben, mehr Senf, wenn Sie den Kick mögen. Also, spielen Sie herum! Die Zutaten ergeben eine reichliche Menge, aber Tonkatsu-Sauce ist schlicht gut, verzehrt sich quasi von selbst und hält gekühlt mehrere Monate.

- 2½ TL Tomatenmark
- ½ TL Piment
- ¼ TL englisches Senfpulver
- ¼ TL Garam Masala oder mildes Currypulver
- 1½ TL Hefeextrakt (Marmite)
- 150 g brauner Zucker
- 2 EL Pilz-Ketchup
- 1½ EL Apfelessig
- 150 ml Ketchup
- 150 ml HP-Sauce oder eine ähnliche braune Sauce
- 4 EL Tamarindenpaste

Rühren Sie Tomatenmark, Gewürze, Hefeextrakt und braunen Zucker zu einer dicken Paste zusammen. In diese schlagen Sie nacheinander Pilz-Ketchup, Essig, Ketchup, braune Sauce und Tamarindenpaste, bis sie glatt und geschmeidig ist. Lassen Sie sie mindestens 1 Stunde ziehen, bevor Sie sie verwenden, damit sich Zucker und Gewürze gänzlich auflösen können. Im Glas oder besser in einer Quetschflasche hält sich die Tonkatsu-Sauce bis zu 6 Monate im Kühlschrank.

SCHWIERIGKEITSGRAD

Glänzend einfach

JAPANISCHE CURRY-ROUX

(FÄLSCHLICH AUCH BEKANNT ALS KATSU-SAUCE)

Das Leben entwickelt sich nicht immer wie geplant. Ich wollte Astronaut werden, aber man beschied mir, dass das wegen meiner Brille nicht ginge. Und weil ich zu dick, zu doof und zu faul wäre. Glücklicherweise hatte ich einen zweiten Plan in der Hinterhand: Ich wollte der weltbeste, unerträglichste Pedant in Sachen Katsu-Curry werden.

Mein Plan B funktioniert: Katsu-Curry ist kein wie auch immer geartetes Curry. Jedenfalls nicht in der Art, wie Hühnercurry ein Curry ist: Katsu ist die Zutat, die ins Curry hinein oder auf das Curry drauf gehört, nicht das Curry als solches. Katsu ist die Abkürzung von *katsuretto*, dem japanisierten Wort für Kotelett – ursprünglich beschrieb man damit schnitzelähnliche, panierte, gebratene Fleischstücke, aber heute bezieht man es auf alles, was paniert und gebraten ist, vorausgesetzt, es hat in etwa die Form eines Koteletts. Und Katsu serviert man in Japan selbstverständlich mit Katsu-Sauce (eine geläufige Kurzform von Tonkatsu- [Schweine-Katsu-] Sauce), die natürlich ihren Namen von Katsu herleitet (siehe Tonkatsu-Sauce, Seite 47). Katsu-Sauce ist im Grunde eine braune Sauce, keine Currysauce. In Japan nennt man Currysauce *karē*, auch wenn viele Leute hier in Großbritannien die japanische Currysauce »katsu sauce« nennen.

Um ehrlich zu sein: Das Thema »katsu sauce« ärgert mich permanent – nicht nur, weil es falsch ist und doof, sondern weil es häufig zu Missverständnissen führt. In meinem Restaurant werden Gäste oft unmutig, wenn wir ihnen Katsu-Sauce servieren, denn sie erwarten Currysauce, auch wenn *katsu sauce* genau das ist, was sie bestellt haben!

Vielleicht ist es bereits zu spät; vielleicht bedeutet der englische Begriff »katsu« bereits »japanisches Curry«, wie man es an Greggs (ein britischer Hersteller von Tiefkühlkost) »katsu chicken bake« (gebackenes Katsu-Hühnchen) oder unzähligen anderen »katsu«-Currysaucen im Supermarkt sehen kann. Aber noch kämpfe ich dagegen an; denn mich ärgert es genauso, als ob jemand »Pastete« zu einer Calzone sagen würde oder »Pizza« zu einem heißen Thunfischsandwich. Irgendwie schon ähnlich, aber es liegen eben Universen dazwischen.

Wie auch immer: Curry-Roux ist eine der köstlichsten Saucen der japanischen Küche – im Grunde eher ein glatter, gewürzter Jus denn eine »richtige« Currysauce. Und sie ist eine Grundzutat im japanischen Soulfood. Japanisches Curry wird aus einer bereits fertigen Roux gewonnen, die in kleinen, schokoladenähnlichen Blöcken verkauft wird. Diese Blöcke bestehen aus Fett, Stärke und konzentrierten Aromen. In kochendem Wasser schmelzen sie und dicken – oh Wunder – zu einer luxuriösen Sauce ein.

So, jetzt kommt also das Rezept für Curry-Roux – Sie können die Blöcke im Kühl- oder Gefrierschrank aufbewahren und haben im Handumdrehen japanisches Curry, wenn Sie die nachfolgenden Schritte befolgen.

SCHWIERIGKEITSGRAD

Nicht im mindesten schwierig

JAPANISCHE CURRY-ROUX

(FÄLSCHLICH AUCH BEKANNT ALS KATSU-SAUCE)

ERGIBT 200 G, FÜR ETWA 4 PORTIONEN

3 EL Kokosöl
3 EL Pflanzenöl
1 kleine Zwiebel, fein gewürfelt
½ kleine, reife Banane, fein gewürfelt
1 EL Tomatenmark
1 EL Erdnussbutter oder eine andere Nussbutter
60 g Mehl
2 EL Currypulver
2 EL Garam Masala
2 EL Nährhefe (nach Gusto)

Erhitzen Sie die beiden Öle bei mittlerer Temperatur in einem Topf. Bräunen Sie die Zwiebelwürfel darin an. Geben Sie die Bananenwürfel hinzu und schmoren Sie sie, bis sie ebenfalls braun werden und zerfallen. Nun rühren Sie Tomatenmark, Erdnussbutter, Mehl, Currypulver, Garam Masala und gegebenenfalls die Nährhefe in das Gemüse und kochen das Ganze unter stetigem Rühren weitere 5 Minuten, bis die Zwiebel- und Bananenstückchen weich geworden sind und das Öl das Gewürzmehl aufgenommen hat. Pürieren Sie die Mischung in der Küchenmaschine oder mit dem Stabmixer. Lassen Sie das Püree abkühlen und teilen Sie es dann in Portionen von etwa 50 Gramm. Im Kühlschrank hält sich die Roux bis zu 1 Woche, im Tiefkühler mehrere Monate.

Um sie weiterzuverarbeiten, eignen sich die folgenden Rezepte:

CURRYSAUCE

(1 PORTION)
EIGNET SICH FÜR CURRYREIS MIT GEMÜSE ODER FÜR KATSU-CURRY

200 ml Dashi (egal welches, Seite 33–34) oder gewürzte Gemüsebrühe
50 g Curry-Roux
1½ TL Sojasauce
1½ TL Ketchup
scharfe Chilisauce (nach Geschmack)

Bringen Sie die Brühe zum Kochen. Rühren Sie Roux, Sojasauce und Ketchup hinein. Mit dem Schneebesen durchschlagen, damit sich die Roux auflöst, und 5 bis 10 Minuten köcheln lassen, bis die Sauce andickt. Mit Chilisauce abschmecken.

GRUNDLAGE FÜR CURRYBRÜHE

(1 PORTION)
EIGNET SICH FÜR CURRY-UDON ODER CURRY-RAMEN

300 ml Dashi (egal welches, Seite 33–34) oder Gemüsebrühe
50 g Curry-Roux
1–2 EL Sojasauce (nach Geschmack)
scharfe Chilisauce (nach Geschmack)

Bringen Sie die Brühe zum Kochen. Rühren Sie die Roux hinein und schlagen Sie die Brühe mit dem Schneebesen durch, damit sich die Roux auflöst. Lassen Sie die Brühe 5 bis 10 Minuten köcheln, bis sie andickt. Mit Soja- und Chilisauce abschmecken.

SCHWIERIGKEITSGRAD
Nicht im Mindesten schwierig

ONE CUP

WAFU-DRESSING

(SÜSSES ZWIEBEL-INGWER-DRESSING)

ERGIBT ETWA 350 ML, GENUG FÜR MINDESTENS 6 SALATE

Dieses Dressing, das übersetzt »japanischer Stil« bedeutet, ist vermutlich das gängigste Salatdressing in Japan und daher etwas, das jeder in seinem kulinarischen Repertoire haben muss, weil es so fantastisch schmeckt (und so einfach ist). Die Zusammenstellung der Zutaten, die rohe Zwiebeln und Ingwer beinhaltet, klingt, als wäre es scharf und intensiv, aber sein zugegeben starker Geschmack ist überraschend weich und ausgeglichen. Das Dressing eignet sich besonders gut, um ein einfaches Essen zu »japanifizieren« – es schmeckt großartig im Salat, klar, den man mit Reis, Misosuppe und einem weiteren kleinen Gericht zu einem kompletten japanischen Mahl ergänzt. Aber es eignet sich auch super als Marinade, besonders für gegrilltes Gemüse.

¼ Zwiebel oder ½ Bananenschalotte
2 cm frische Ingwerwurzel, geschält
100 ml Sojasauce
100 ml Mirin
100 ml Reisessig
1 EL Sesamöl
1 EL Sesamsamen

Hacken Sie die Zwiebeln und den Ingwer fein und verrühren Sie beides gut mit den anderen Zutaten. Idealerweise lassen Sie das Ganze 30 Minuten ziehen, damit sich die Aromen gut verbinden können. Ersatzweise können Sie alle Zutaten auch in die Küchenmaschine werfen und sie durchjagen, bis Zwiebel und Ingwer zusammenbrechen. Im Glasgefäß hält sich das Dressing gekühlt etwa 1 Monat (es wird auch danach nicht schlecht, aber die Aromen verflüchtigen sich).

SCHWIERIGKEITSGRAD
Überhaupt nicht schwierig

SNACKS, KLEINE GERICHTE

一品料理

& BEILAGEN

Diese kleinen, einfachen Gerichte können alle miteinander kombiniert werden oder, gereicht zu einer Pfanne mit gebratenem Reis, als vollständiges japanisches Essen daherkommen – je nachdem! Viele von ihnen passen exzellent als Beigabe zu allen Arten von anderen Gerichten, nicht nur japanischen, oder sind, solo genossen, ein guter kleiner Snack zwischendurch.

EINGELEGTES GEMÜSE

ERGIBT GENUG FÜR EIN 1-LITER-GLAS

Eingelegtes Gemüse ist – ernsthaft – eines der besten Gerichte der Welt. Und glücklicherweise ist Japan das Schlaraffenland für eingelegtes Gemüse – die folgenden Rezepte sind nur die Spitze seines fermentierten Eisbergs.

Kimchi ist nicht japanisch, sondern koreanisch. Aber es wurde von den Japanern derart enthusiastisch aufgenommen, dass es seinen Platz in verschiedenen japa-korea-nischen Rezepten wie Kimchi-Miso-Eintopf (Seite 123) und Kimchi-Tofu-Gyoza (Seite 103) gefunden hat. Es riecht ziemlich unkonventionell, schmeckt aber überwältigend: würzig und salzig und umami und speichelanregend sauer.

KIMCHI

900 g Chinakohl, in grobe Stücke geschnitten
20 g Salz
25 g Chilipulver/Chiliflocken
3–4 Frühlingszwiebeln, grob gehackt
20 g frische Ingwerwurzel, geschält und geraspelt
1 Blatt Nori, fein geschnitten, oder 1 EL Nori-Flocken
6 Knoblauchzehen, gepresst

EINGELEGTER KOHL

900 g Chinakohl, in grobe Stücke geschnitten
20 g Salz
abgeriebene Schale von 1 Zitrone
5 x 5 cm großes Stück Kombu, in Wasser eingelegt und fein geschnitten, wenn es sich vollgesogen hat

Für beide Rezepturen gilt: Alle Zutaten gut miteinander vermischen. 20 bis 30 Minuten ziehen lassen, damit das Salz in den Kohl eindringt und das Wasser herauszieht. Drücken Sie dann den Kohl mit den Händen, damit Sie so viel salzigen Saft wie möglich aus ihm herausholen. Lassen Sie ihn erneut ziehen und wiederholen Sie die Prozedur.

Packen Sie das Ganze fest in ein Glas und gießen Sie den ausgepressten Kohlsaft darüber. Drücken Sie den Kohl so fest ins Glas, dass der Saft die Oberfläche der Kohlstücke bedeckt. Der Kohl muss gänzlich von Salzlake bedeckt sein, andernfalls beginnt er zu schimmeln. Wenn Ihr Kohl unter gut 5 Millimeter Lake steht, schließen Sie das Glas. Ich drehe einfach den Deckel lose auf. Sie können aber auch ein Stück Stoff mit Gummi oder Faden über dem Glas befestigen.*

Lassen Sie den Kohl etwa 1 Woche bei Zimmertemperatur fermentieren; dann probieren Sie ihn. Schmeckt er fein und sauer? Dann passt's. (Das Fermentieren kann länger dauern, wenn es kalt ist oder wenn Sie unter einer Treppe leben wie Harry Potter.)

Ist das Kimchi so sauer, wie Sie es mögen, verschließen Sie das Glas und stellen Sie es in den Kühlschrank. Dort hält es sich bis in alle Ewigkeit (ehrlich – ich habe selbst gemachtes Sauerkraut und Kimchi über Jahre aufbewahrt).

WARNUNG: NIEMALS ein Glas Kimchi oder ein anderes fermentierendes Produkt fest verschließen; das sich bildende Gas muss aus dem Gefäß entweichen können, sonst kann es explodieren.

SCHWIERIGKEITSGRAD

Die einzige Schwierigkeit ist, seiner besseren Hälfte zu erklären, warum die Küche nach Kohlfürzen stinkt, aber das Ergebnis überzeugt …

EINGELEGTE RADIESCHEN MIT ZITRUSAROMA

ERGIBT 1 GLAS MIT 200–300 ML

Eingelegte Radieschen riechen merkwürdig. (Küchenchef: »Ich glaube, die eingelegten Radieschen sind verdorben.« Ich: »Nein, so müssen sie riechen.«) Aber sie schmecken unglaublich gut – knackig und knusprig und sauer und erfrischend. Und sie sehen richtig cool aus – die pinkfarbenen Pigmente der Haut lösen sich in der Salzlake und ziehen dann zurück in die Radieschen, die ein fluoreszierendes Fuchsia entwickeln. Das Zitrusaroma in der Lake sorgt für angenehme Frische. Die Lake kann auch für viele andere knackige Gemüse verwendet werden, besonders zu Karotten passt sie sehr gut.

3 EL Yuzu-Saft (oder Limettensaft, wenn Sie keinen Yuzu-Saft bekommen)
Saft von 1 Zitrone (etwa 25 ml/1½ EL)
3 EL Essig
3 EL Sake
1 TL Salz
1½ TL Zucker
150 g Radieschen, halbiert

Rühren Sie alles bis auf die Radieschen so lange zusammen, bis sich Salz und Zucker aufgelöst haben. Packen Sie die Radieschen in ein Glas und gießen Sie die saure Lake darüber (keine Sorge, wenn die Radieschen nicht ganz bedeckt sind oder schwimmen – sie saugen die Lake auf und verwandeln sich in saure Radieschen). Am nächsten Tag schon kann man sie essen, aber besser schmecken sie nach 2 bis 3 Tagen. Im Kühlschrank halten sie sich bis zu 2 Monate lang.

SCHWIERIGKEITSGRAD

(Pa-)Radiesisch einfach

SHIITAKE IN SOJASAUCE

ERGIBT 1 KLEINES GLAS MIT 200 ML

Diese fleischigen Stückchen (im doppelten Sinn) geben aromatisch ziemlich Gas in Ihren Gerichten! Das Rezept eignet sich perfekt, um die Pilze zu verarbeiten, die Sie übrig haben, wenn Sie sie aus getrockneten Shiitake Dashi gemacht haben (Seite 34). Es reicht nur für eine kleine Menge, aber da der Shiitakegeschmack so intensiv ist, reicht diese kleine Menge sehr lange.

4–5 Shiitake (oder wie viele auch immer Sie von Ihrem Pilz-Dashi, Seite 34, übrig haben), gewässert, entstielt, dünn geschnitten
1 getrocknete rote Chilischote, in Hälften geschnitten, oder 1 kleine Prise Chiliflocken (nach Belieben)
4 EL Sojasauce
2 EL Mirin
1 EL Reisessig

Packen Sie die geschnittenen Pilze und die halbierte Chilischote in ein kleines Glas. Gießen Sie Sojasauce, Mirin und Reisessig darüber. Lassen Sie die Pilze wenigstens 2 Stunden durchziehen. Noch schmackhafter werden sie nach ein paar Tagen. Im Kühlschrank halten sie sich bis zu 6 Monate.

SCHWIERIGKEITSGRAD

Zauberhaft unschwierig

ROT EINGELEGTER INGWER

ERGIBT GENUG FÜR 1 KLEINES GLAS (200–300 ML)

Es gibt zwei Arten und Weisen, wie Japaner Ingwer einlegen: als Gari, das ist das dünne, süße Zeug, das man zum Sushi bekommt, und als Beni Shōga, die schreiend rote, gestiftelte Version, die viele Soulfoodgerichte krönt, etwa Ramen, Okonomiyaki und Yakisoba. Dieses Rezept gilt dem Letzteren, weil man ihn sehr selten im Supermarkt findet – wenn Sie ihn sehen, kaufen Sie ihn unbedingt. Sie können ihn mit Sushi-Ingwer ersetzen, aber ich finde den Geschmack zu süß – geben Sie etwas Essig in die Lake, wenn Sie Sushiingwer als Topping einsetzen wollen.

Übrigens, in Japan legt man für dieses Rezept jungen Ingwer ein, den Sie manchmal in asiatischen Supermärkten finden. Sie erkennen ihn an der weichen, gelben Haut und den rötlichen Spitzen. Diesen jungen, süßen Ingwer müssen Sie nicht schälen. Also: Wenn Sie ihn finden, greifen Sie zu.

200 g frische Ingwerwurzel, geschält
1½ TL Salz
entweder 100 ml Reisessig und 100 ml Lake von eingelegten Roten Beten
oder 150 ml Reisessig und 3 TL Rote-Bete-Saft*
1 EL Zucker

Schneiden Sie den Ingwer in 3 Millimeter feine Stifte. Kneten Sie diese Stifte mit ½ Teelöffel Salz durch und lassen Sie sie 30 Minuten lang ziehen.

Heizen Sie den Ofen auf die kleinste Stufe vor (oder holen Sie Ihr Dörrgerät aus dem Schrank, wenn Sie eins besitzen, und stellen Sie es auf 60 bis 65 °C ein).

Pressen Sie den gesamten Saft aus dem Ingwer und schütten Sie den Saft weg. Breiten Sie die Ingwerstifte auf Backpapier gleichmäßig aus und geben Sie sie wahlweise 2 Stunden lang in den Ofen oder in Ihren Dörrapparat. Dieses Trocknen lässt den Ingwer die Lake besser aufnehmen und gibt ihm eine knackige Textur.

Füllen Sie den Ingwer in ein Glas. Rühren Sie Essig, Rote-Bete-Lake/-Saft, Zucker und das übrige Salz zusammen, bis sich der Zucker aufgelöst hat. Schütten Sie die Mischung über den Ingwer und lassen Sie das Ganze mindestens 1 Tag durchziehen. Im Kühlschrank hält sich der rote Ingwer bis zu 1 Jahr.

* In Japan verwendet man hier den pinkfarbenen Pflaumenessig Umezu. Wenn Sie ihn bekommen können, her damit!

SCHWIERIGKEITSGRAD

Ingwer schälen ist nervtötend, schwierig würde ich es nicht nennen.

AUFGEMOTZTE EDAMAME

SNACK FÜR 2 PERSONEN,
SIND SIE SO SIND WIE ICH, NUR FÜR 1 PERSON

Edamame, also unreif geerntete Sojabohnen, sind ein unbeschriebenes Blatt in Sachen Geschmack. Normalerweise werden Edamame nur mit Salz gewürzt, was ganz nett ist, aber auch etwas langweilig, finden Sie nicht? Ich meine, letzten Endes knabbern Sie gesalzene Bohnen. Ehrlich, das klingt eher nach dem Futter eines Tippelbruders in einem Comic. Nichts aber ist leichter, als Ihre Bohnen von einem schwermütigen Gemüse in SUPER-SOJA-POWER-SCHOTEN zu verwandeln – mit einer der folgenden würzigen Ideen.

DREI-SESAM-EDAMAME

Dreimal Sesam – weißer, schwarzer und in Form von Sesamöl – verdoppeln den Einsatz auf das feine Nussaroma der Bohnen und führen geschmacklich zum Jackpot.

1 TL schwarze Sesamsamen, geröstet und im Mörser zerrieben
1 TL weiße Sesamsamen, geröstet und im Mörser zerrieben
einige Prisen Salz
250 g gefrorene Edamame
1 TL Sesamöl

Rühren Sie Sesamsamen und Salz zusammen. Kochen Sie die gefrorenen Bohnen, bis sie weich sind, was etwa 2 bis 3 Minuten dauert. Gießen Sie sie ab und mischen Sie sie umgehend mit der Sesam-Salz-Mischung sowie dem Öl.

EDAMAME MIT PONZU

Diese Edamame sind ziemlich scharf, also mit Sicherheit nicht langweilig. Hände weg, wenn Sie zu Sodbrennen neigen!

ein paar Spritzer sehr scharfe Chilisauce
Saft von ½ Limette
1 EL Sojasauce
2 TL Sesamsamen
1 TL Shichimi oder ein ähnliches Chilipulver
250 g gefrorene Edamame

Halten Sie alle Gewürze und Flüssigkeiten schon abgemessen bereit. Kochen Sie die gefrorenen Bohnen, bis sie weich sind, was etwa 2 bis 3 Minuten dauert. Gießen Sie sie ab und mischen Sie sie umgehend mit den anderen Zutaten durch.

EDAMAME MIT ZWIEBELN

Wie viele gesunde Dinge sind Sojabohnen leider fade. Da dachte ich mir, ich könnte mir ja etwas von den Kartoffelchips abschauen. So kam ich auf dieses »Käse«-Zwiebel-Rezept, das überraschend einfach ist, aber irrsinnig schmeckt.

1 EL Nährhefeflocken
½ TL Zwiebelgranulat
¼ TL Salz
250 g gefrorene Edamame
1 TL Olivenöl
½ TL Essig

Mörsern Sie die Nährhefeflocken zu Pulver und mischen Sie das mit den granulierten Zwiebeln und dem Salz. Kochen Sie die gefrorenen Bohnen, bis sie weich sind, was etwa 2 bis 3 Minuten dauert. Gießen Sie sie ab und mischen Sie sie umgehend mit den anderen Zutaten durch. Lassen Sie sie ein paar Minuten ziehen, bevor Sie zuschlagen; der Dampf setzt dann noch mehr Zwiebelaroma frei.

SCHWIERIGKEITSGRAD

So einfach, dass Sie sich ein neues Hobby suchen müssen, sollten diese Rezepte Ihr Kochtalent übersteigen.

ONIGIRI / YAKI-ONIGIRI

(REISBÄLLCHEN / GEGRILLTE REISBÄLLCHEN)

ERGIBT 6 STÜCK

Onigiri übersetzt man mit Reisbällchen, aber tatsächlich sind es kleine Reisdreiecke. Ihre einfachste Variante ist Reis pur in tragbarer Form. Doch gibt es sie auch mit den unterschiedlichsten aromatischen Füllungen und/oder gegrillt mit einer salzigen Gewürzmischung, was ihnen eine köstlich knusprige Kruste verleiht, die an Reiscracker erinnert. Wenn Sie größere Mengen an Onigiri produzieren wollen (wozu ich Ihnen nur raten kann), lohnt sich die Anschaffung einer Onigiri-Form. Es gibt sie im japanischen Supermarkt oder online. Sie vereinfacht die Handhabung. Ich allerdings forme meine Onigiri ganz gerne per Hand, wenn ich auch nicht gut darin bin; die sich wiederholenden Handbewegungen sind ausgesprochen meditativ.

300 g Reis (ungekocht gewogen)
ein paar Prisen Meersalz
Füllung Ihrer Wahl (siehe unten; wahlweise)
1 Blatt Nori-Algen, in 6 Rechtecke geschnitten

YAKI-ONIGIRI

1 EL Sesamöl
4 EL süße Misosauce (Seite 39)
etwas Öl für die Sesamsamen
und zum Bestreichen

Kochen Sie den Reis wie auf Seite 26 angegeben. Lassen Sie ihn auf einem Teller auskühlen. Wenn er kalt genug ist, um ihn anzufassen, feuchten Sie Ihre Hände mit Wasser an, damit die Körner nicht an Ihren Fingern kleben bleiben, und nehmen sich eine große Handvoll. Drücken Sie den Reis zu einem Ball zusammen. Nutzen Sie die Fläche zwischen Daumen und Zeigefinger, um diesen Ball zu einem Dreieck zu formen, während die andere Hand ihn flach drückt. Zu schwierig? Dann formen Sie einen Eishockey-Puck – auch das ist akzeptabel für Onigiri. Fertige Onigiri können abgedeckt bis zu 4 Tage im Kühlschrank aufbewahrt werden. Lassen Sie sie vor dem Essen 30 Minuten lang Zimmertemperatur annehmen und wickeln Sie jedes Onigiri kurz vor dem Servieren in ein Nori-Rechteck.

Um die Onigiri zu füllen, drücken Sie den Reis in der Hand zunächst flach. Geben Sie 1 guten Teelöffel Füllung in die Mitte, drücken Sie den Reis darum zusammen und formen Sie ihn dann zum Dreieck oder zum Puck, wie oben angegeben.

Als Füllung können Sie einfach alles nehmen, aber fein gehackt und intensiv im Geschmack sollte es sein: in Sojasauce eingelegte Shiitakepilze (Seite 59), Kimchi (Seite 56), Reste von Scharfem, betäubendem Tofu Szechuan-Style (Seite 124) oder andere, fertig gekaufte japanische eingelegte Gemüse.

Anstatt die Onigiri zu füllen, können Sie die Geschmackszutaten auch direkt in den Reis einarbeiten – fein gehacktes, eingelegtes Gemüse eignet sich gut dazu. Oder Sie entscheiden sich für den Klassiker Goma Wakame: geröstete weiße Sesamsamen und gehackte, gewässerte Wakame-Algen.

Für Yaki-Onigiri rühren Sie das Sesamöl und die süße Misosauce zusammen. Legen Sie die Onigiri auf ein geöltes Backblech oder einen Rost und pinseln Sie die Oberseite mit der Sauce ein. Schieben Sie die Onigiri unter den vorgeheizten Grill in den Backofen, auf die zweithöchste Schiene, und grillen Sie sie so lange, bis die Sauce braun wird. Dann drehen Sie die Onigiri um und bepinseln und rösten Sie von der anderen Seite. Garnieren Sie sie mit den Sesamsamen und umfassen Sie jedes Onigiri mit einem Stückchen Nori.

SCHWIERIGKEITSGRAD

Es ist etwas schwierig, die Onigiri in kleine, gleichseitige Dreiecke zu formen; zum Glück ist das nicht wirklich nötig, also insgesamt mal wieder: nicht schwierig.

GRÜNKOHL MIT ZERSTOSSENEM SESAM

(KĒRU NO GOMA-AE)

ERGIBT 4 PORTIONEN

Ich mag alle Gemüse, die nach Goma-ae-Art (mit zerstoßenem Sesam ummantelt) zubereitet sind, doch besonders mag ich diese Zubereitung bei Grünkohl: Sie macht ihn weniger scheußlich. Grünkohl ist seinerseits das beste Vehikel für diese Zubereitungsart, weil die feine Struktur seiner Blätter für eine große Oberfläche sorgt und dem Sesam kleine Schlupfwinkel bietet. Mit anderen Worten: Grünkohl ist der ideale Sesamsamentransporteur. Das folgende Rezept, das nur Sesamsamen und Gewürze vorsieht, ist die supersimple Version von Goma-ae. Für eine reichhaltigere, cremige, etwas aufwendigere (aber immer noch kinderleichte) Version bereiten Sie es mit Satt geröstetem Sesamdressing (Seite 42) zu.

Salz
200–300 g Grünkohl (die harten Stängel abschneiden und entsorgen)
2 TL geröstete Sesamsamen, zerstoßen (nicht schummeln und ungerösteten Sesam verwenden, denn das schmeckt sonderbar und wird Sie traurig machen)
1 EL Sojasauce
1 EL Mirin
¼ TL Sesamöl

Bringen Sie in einer Pfanne Wasser zum Kochen und fügen Sie so viel Salz hinzu, dass die Mischung wie Meerwasser schmeckt. Legen Sie den Grünkohl hinein und kochen Sie ihn wenige Minuten: Er soll weich sein, aber noch Biss haben. Gießen Sie das Wasser ab und schütteln Sie den Kohl gut aus. Dann vermischen Sie ihn mit dem Sesam, der Sojasauce, dem Mirin und dem Sesamöl.

Sie können den Kohl auch kalt genießen (passt gut in ein Bentō) – er bleibt im Kühlschrank 4 Tage genießbar.

SCHWIERIGKEITSGRAD

Einfach gar nicht schwierig

SÜSSKARTOFFELN MIT GETRÜFFELTEM PONZU

ERGIBT 4 PORTIONEN

In Japan verkauft man gebackene Süßkartoffeln von kleinen motorisierten Vehikeln aus. Sie werden dort gekocht und auf einem Bett aus heißen Steinen warmgehalten. Ich finde ihr honigsüßes Aroma unwiderstehlich. Japanische Süßkartoffeln schmecken so allerliebst, dass sie pur verkauft werden – ohne jegliche Zutat. Das ist lecker, aber ich kann das so nicht in ein Kochbuch schreiben (»Zutaten: Süßkartoffeln. Zubereitung: Backen Sie die Süßkartoffeln. Ende.«) Das Folgende ist ein geringfügig komplexer Vorschlag, der die Süße der Kartoffeln mit der Säure von Ponzu ergänzt und ihren erdigen Geschmack mit einer Winzigkeit Trüffel unterstreicht (Trüffel kann, muss nicht sein).

4 mittelgroße Süßkartoffeln (etwa 600 g), gewaschen
1 EL Sesamöl
4 EL Ponzu (Seite 44)
einige Tropfen Trüffelöl oder, wenn Sie es sehr ausgefallen wollen, 5 g frische, schwarze, geriebene Trüffel
einige Prisen schwarze und weiße Sesamsamen (oder nur weiße, wenn sich schwarze nicht auftreiben lassen)

Heizen Sie den Backofen auf 220 °C vor. Bepinseln Sie jede Süßkartoffel mit Sesamöl. Wickeln Sie sie in Alufolie, legen Sie sie aufs Backblech und backen Sie sie 30 bis 50 Minuten lang, bis sie durchgegart sind. (Ich nehme ein Essstäbchen, um das zu testen: Es sollte leicht in und durch die gesamte Kartoffel hindurchgleiten.) Nehmen Sie die Kartoffeln aus dem Ofen und lassen Sie sie etwas abkühlen.

In der Zwischenzeit rühren Sie Ponzu, Trüffelöl bzw. geriebenen Trüffel und Sesamöl zusammen, das vom Einpinseln übrig geblieben ist. Schneiden Sie die Süßkartoffeln auf und geben Sie die Ponzu-Mischung darüber. Mit Sesamsamen garniert servieren.

SCHWIERIGKEITSGRAD

Nicht schwierig!!!!!!

IN DASHI GESCHMORTER KÜRBIS MIT MIRIN UND INGWER

ERGIBT 4 PORTIONEN

Das ist mein absolutes Lieblingsrezept für den bescheidenen Flaschenkürbis, ein Klassiker in der japanischen Küche, der die Süße des Kürbis mit einer großzügigen Dosis Mirin herausarbeitet. Jede Kürbisart eignet sich für diese Zubereitung, aber am besten sind süße Arten mit festem Fleisch, insbesondere Kabocha (Winterkürbis), eine japanische Sorte der Art *Cucurbita maxima* mit orangefarbenem Fleisch und weicher grüner Schale.

1 größerer oder 2 kleinere Kürbisse – Kabocha (Winterkürbis) ist ideal, aber Butternut, Eichelkürbis, Hokkaido, Delicata und Crown Prince sind auch schmackhafte Sorten
500 ml Kombu- oder Pilz-Dashi (Seite 33–34)
2 cm frischer Ingwer, geschält und geraspelt
4 EL Mirin
2 TL Sojasauce
1 EL Sake

Wenn Sie eine Kürbisart mit harter, nicht essbarer Schale verwenden, schälen Sie ihn. Andernfalls legen Sie los und schneiden Sie den Kürbis ungeschält in Stücke, die nicht dicker als 5 Zentimeter sind. Legen Sie die Stücke in eine große Kasserolle.

Rühren Sie das Dashi und die Hälfte des geriebenen Ingwers mit Mirin, Sojasauce und Sake zusammen. Gießen Sie diese Mischung in die Kasserolle und fügen Sie Wasser hinzu, bis der Kürbis knapp bedeckt ist. Schneiden Sie einen Bogen Backpapier so zu, dass Sie ihn direkt auf den Kürbis legen können (ein Deckel, der in die Kasserolle passt, tut's auch). Bringen Sie das Ganze zum Kochen und lassen Sie es 20 bis 25 Minuten köcheln, bis die Kürbisstückchen so weich sind, dass sie sich mit einem Löffel teilen lassen. Wenn möglich, bereiten Sie den Kürbis frühzeitig zu, damit er durchziehen und möglichst viel Dashi aufsaugen kann. Er schmeckt am besten bei Zimmertemperatur, aber Sie können ihn gerne noch einmal erhitzen.

Gießen Sie vor dem Servieren etwas restliches Dashi über die Kürbisstückchen und garnieren Sie sie mit dem restlichen geraspelten Ingwer.

SCHWIERIGKEITSGRAD

Wirklich nicht schwierig

MIT TERIYAKI-SAUCE GEGRILLTE KAROTTEN

(ALIAS BESTE KAROTTEN DER WELT)

ERGIBT 4 PORTIONEN

Die meisten Küchen in Japan haben keinen Backofen, nur wenige einen Mini-Backofen, also wird kaum gegrillt. Dieses Rezept kann man also nicht wirklich authentisch nennen, aber wissen Sie, wie man es nennen kann? REALLY f$%KInG DELICIOUS! Ich bereite Karotten am allerliebsten auf diese Weise zu. Das Grillen gibt den Karotten die Konsistenz von Buttertoffees, und der süß-salzige Geschmack der karamellisierten Teriyaki-Sauce macht sie klebrig und anschmiegsam.

500–600 g Karotten (ich nehme gerne Chantenay-Möhren, weil ich faul bin und man sie nicht schälen muss, aber andere Möhren tun es auch)
2 EL Öl und etwas Öl für die Form
8 EL Süße Sojasauce (Seite 40)
abgerieben Schale von ½ Orange oder Zitrone

Wenn Sie kleine Möhren wie die Chantenay verwenden, heizen Sie den Ofen auf 220° C vor. Bei großen Karotten heizen Sie ihn auf 200 °C vor. Die Süße Sojasauce bleibt gerne auf dem Backblech kleben. Wenn Sie kein Antihaftblech haben, legen Sie das Blech mit Backpapier aus.

Wenden Sie die (geschälten) Karotten im Öl, bis sie gleichmäßig bedeckt sind. Ölen Sie das Backblech bzw. das Backpapier ein. Legen Sie die Karotten darauf und rösten Sie die kleinen 20 Minuten, die großen 30. Probieren Sie mit einer Gabel oder einem Essstäbchen, ob sie weich sind – falls nicht, rösten Sie sie weiter und checken Sie im Abstand von 5 Minuten, ob sie durch sind.

Geben Sie 6 Esslöffel Süße Sojasauce und die Zitrusschale über die Karotten und mischen Sie sie durch, bis sie gleichmäßig bedeckt sind. Dann schieben Sie das Blech für weitere 5 bis 10 Minuten zurück in den Ofen. Die Karotten sind durch, wenn die Sauce zu einer dicken, klebrigen Glasur reduziert ist.

Dann holen Sie das Blech aus dem Ofen, fügen die übrige Sojasauce hinzu und mischen das Ganze durch. Vor dem Servieren etwas abkühlen lassen.

SCHWIERIGKEITSGRAD

Unendlich unproblematisch

TOFUBRATLINGE

(GANMODOKI)

ERGIBT 12 BRATLINGE ODER 3–4 PORTIONEN

Diese kleinen Proteinküchlein tauchen zu allen möglichen japanischen Mahlzeiten auf, aber für mich gehören sie aus irgendwelchen Gründen zum Mittagessen. Manche Menschen übersetzen sie mit Tofuburger – obwohl ich das als Burgerpurist, der ich bin, problematisch finde, trifft es das inhaltlich durchaus: Ganmodoki sind fest und magenfüllend, voller Shiitakepilze, die für fleischige Struktur und tierisch Geschmack sorgen. Sie schmecken auch kalt, sind also eine gute Wahl für ein veganes Bentō (Seite 170). Auch im Eintopf oder zu Nudeln machen sie sich prima.

5 getrocknete Shiitakepilze in heißem Wasser wässern, die Flüssigkeit aufheben. Oder Sie bereiten einfach Pilz-Dashi (Seite 34) zu und heben die Pilze auf.
2 TL Pflanzenöl
1 TL Sesamöl
½ Zwiebel, fein gehackt
2 Knoblauchzehen, fein gehackt
2 cm frischer Ingwer, geschält und geraspelt
1 Block (400 g) fester (Baumwoll-)Tofu
1 kleine Karotte, geschält und geraspelt
50 g Panko, vielleicht etwas mehr
2 Frühlingszwiebeln, in feine Scheiben geschnitten
1 EL weiße Sesamsamen oder weißer und schwarzer Sesam gemischt
große Prisen Salz und weißer Pfeffer
2 EL Öl zum Braten

SAUCE (BEI BEDARF)
4 EL Ketchup
2 TL Pilz-Dashi (Seite 34) oder das Einweichwasser der Pilze (siehe oben)
2 EL Sojasauce

Gießen Sie die Pilze ab, drehen Sie die Stiele heraus und schneiden Sie die Köpfe in feine Würfel.

Lassen Sie die beiden Öle in einer kleinen Pfanne heiß werden und braten Sie Zwiebeln, Knoblauch und Ingwer kurz an, etwa 5 Minuten, bis die Zwiebeln weich sind.

Geben Sie den Tofu in eine Schüssel und drücken Sie ihn mit der Hand oder mit einer Gabel in Krümel. Geben Sie die Pilze, die Zwiebel-Knoblauch-Ingwer-Mischung, Karotten, Panko, Frühlingszwiebeln, Sesamsamen, Salz und Pfeffer dazu und verkneten Sie das Ganze zu einer Paste. Lassen Sie diese etwa 5 Minuten ziehen, damit das Panko die Flüssigkeit aufsaugen kann – so sollte eine dicke, feuchte, teigähnliche Masse entstehen. Ist sie zu feucht, fügen Sie noch etwas Panko hinzu. Formen Sie 12 Bratlinge (etwa 7 Zentimeter Durchmesser und 1½ bis 2 Zentimeter Höhe).

Erhitzen Sie großzügig Öl in einer Bratpfanne und braten Sie diese Nicht-Burger bei hoher Hitze auf beiden Seiten tiefbraun an. (Halten Sie die fertigen Bratlinge im Ofen warm, wenn Sie sie frisch essen wollen.)

Für die Sauce rühren Sie Ketchup, Pilz-Dashi und Sojasauce zusammen. Sie können auch Süße Sojasauce (Seite 40), Süße Misosauce (Seite 39) oder Tonkatsu-Sauce (Seite 47) damit kombinieren.

Servieren Sie die Sauce separat oder pinseln Sie sie auf eine Seite der Bratlinge und grillen Sie die Bratlinge bei hoher Temperatur, bis die Glasur Blasen wirft, karamellisiert und sich mit den Bratlingen verbindet.

SCHWIERIGKEITSGRAD
MAXIMAL unschwer

JAPANISCHE PILZPÄCKCHEN MIT KNOBLAUCH UND SOJASAUCE

BEILAGE FÜR 2 PERSONEN, HAUPTGERICHT FÜR 1 PERSON

Diese Zubereitung bzw. ihre einfachen Variationen verbinde ich immer mit Izakaya – den wundervollen japanischen Lokalen, wo es vielfältige Kleinigkeiten gibt, die einen jeweils dazu verleiten, Unmengen an gutem Bier oder Sake zu konsumieren – salzige, snackähnliche, beliebte Gerichte mit starkem, aber nicht extravagantem Aroma, die man gerne miteinander teilt. Dieses Gericht, Pilze, die mit viel Knoblauch und Sojasauce in Folie gegart werden, ist genau so eine Kleinigkeit – wenn man die Folie öffnet, ist das, als ob man ein Geschenk aufmache – ein Geschenk an einem sehr knoblauchhaltigen Weihnachtsabend. Für sich allein ist es schon fein, aber ich würde sehr empfehlen, es mit Sake zu kombinieren – kein zu exklusiver Sake, denn die erdigen Aromen des erschwinglicheren Sake passen perfekt zu dieser pilzigen, knoblauchigen Umami-Bombe.

200 g japanische Pilze (z. B. Enoki, Shimeji, Shiitake und Eringi, siehe auch Seite 18); häufig verkaufen Supermärkte eine »Exotische Pilzmischung«, die von jeder Sorte ein paar enthält – perfekt für dieses Rezept
2 EL Sojasauce
1½ TL Sake
1½ TL Olivenöl
3–4 Knoblauchzehen, in dünne Scheibchen geschnitten
frisch gemahlener schwarzer Pfeffer
ein paar Stängel glatte Petersilie, fein gehackt

Heizen Sie den Backofen auf 220 °C vor. Bereiten Sie die Pilze vor: Schneiden Sie den Fuß der Enoki- und Shimeji-Pilze ab, teilen Sie größere Gruppen in kleinere; drehen Sie die Stiele aus den Shiitake; schneiden Sie die braunen Kräuterseitlinge (Eringi) in mundgerechte Stücke.

Vermischen Sie Sojasauce, Sake, Olivenöl, Knoblauch, Pfeffer und Petersilie, geben Sie diese Mischung über die Pilze und vermengen Sie das Ganze.

Kleiden Sie eine flache Kasserolle mit einem großen Stück Alufolie (etwa 40 Zentimeter lang) aus, geben Sie die Pilzmischung hinein und falten Sie die Folie darüber so fest zusammen, dass keine Flüssigkeit entweichen kann. Legen Sie dieses Päckchen auf ein Backblech und schieben Sie es für 20 Minuten in den Ofen.

Zum Servieren geben Sie das Päckchen auf einen Teller (Vorsicht, nicht die Folie zerreißen!) und öffnen es am Tisch.

SCHWIERIGKEITSGRAD

In etwa so schwierig, wie ein Getränkepulver anzurühren.

GERÖSTETE ROTE BETE MIT MISO

FÜR 2 PERSONEN

Rote Bete sieht man in Japan selten, was schade ist, weil ihr erdig-süßer Geschmack so gut zu den dortigen Saucen und Gewürzen passt. Insbesondere Miso ist ein perfekter Partner, weil es einen so salzig-fruchtig-flippigen Käsegeschmack hat. Die granatroten, aromatischen Brocken sind pur ein Genuss, sei es im Ofen gegrillt oder kalt als Salat zu einem leichten, aber nachhaltigen Mittagessen.

400–500 g Rote Bete (roh), gewaschen und geschält (Blattreste können Sie dranlassen, Sie müssen aber die Erde abwaschen)
2 EL Pflanzenöl
1 kleine Handvoll Pekan- oder Walnüsse (nach Belieben)
6 EL Süße Misosauce (Seite 39)
1 EL Tahini
1 EL Ahornsirup oder brauner Zucker
1 Spritzer Sesamöl

Heizen Sie den Backofen auf 180°C vor.

Wenn die Roten Beten kleiner als Tischtennisbälle sind, lassen Sie sie ganz, ansonsten schneiden Sie sie in Hälften; riesige Exemplare vierteln Sie. Mischen Sie die Roten Beten gut mit dem Öl und legen Sie sie auf ein Backblech. Backen Sie sie 40 Minuten lang und wenden Sie sie dabei 1- bis 2-mal.

Wenn Sie Nüsse verwenden, rösten Sie sie für 10 Minuten auf einem separaten Backblech mit. Lassen Sie sie abkühlen und hacken Sie sie grob.

Nach 40 Minuten sollten die Roten Beten weich sein; falls nicht, lassen Sie sie noch im Ofen und checken sie alle 5 bis 10 Minuten. Sobald sie für Ihren Geschmack weich genug sind, erhöhen Sie die Temperatur auf 220 °C. Bepinseln Sie die Roten Beten mit der Mischung aus Süßer Misosauce, Tahini, Ahornsirup/braunem Zucker und Sesamöl und rösten Sie sie weitere 5 bis 10 Minuten, bis die Misosauce karamellisiert.

Mit den Nüssen, so vorhanden, verzieren.

SCHWIERIGKEITSGRAD

Betenmäßig simpel

GEGRILLTER ZUCKERMAIS MIT PONZU, SHICHIMI UND SCHWARZEM SESAM

4 PORTIONEN

Ich nehme es nicht so übergenau mit der Saisonalität von Obst und Gemüse, aber Süßmais ist eines der Dinge (wie Pfirsiche, Erdbeeren und Minz-Pie), die man während ihrer Saison essen muss. Den Rest des Jahres ist er – da bin ich kategorisch – es einfach nicht wert, weil er voller Stärke und fade ist. Kommt aber der September, seine Erntezeit, dann ist er unschlagbar – dicke, feste Körner, die vor süßem Saft schier platzen. Wirklich guter Mais braucht nicht viel, damit er köstlich schmeckt, mit Sojasauce einpinseln reicht schon. Aber ich bin auch ein großer Fan von Elotes, der mexikanischen Zubereitung von Mais mit Chili, Limette und Käse. Eine japanische Annäherung an diese Aromen sind spritzige Ponzu, scharfe Shichimi und schwarzer Sesam.

4 Maiskolben – nehmen Sie eine gute Qualität, frischen Mais, am besten noch in der Schale (auch ohne Schale, wenn nötig, es wird trotzdem schmecken)
2 TL Sesamöl
4 EL Ponzu (Seite 44)
4 EL schwarze Sesamsamen, zu grobem Pulver gemahlen
1 TL Shichimi
1 TL Meersalz

Heizen Sie den Backofen (oder Grill) auf hoher Stufe vor. Schälen Sie die Maiskolben und reißen Sie die Fäden ab; blanchieren Sie die Kolben dann in kochendem Wasser für 5 Minuten. Abgießen und einige Minuten trocknen lassen.

Legen Sie die Maiskolben auf ein Backblech, pinseln Sie sie mit dem Sesamöl und dem Ponzu ein. Schieben Sie den Mais unter den Grill und grillen Sie ihn etwa 10 Minuten. Dabei müssen Sie ihn häufig umdrehen, damit er von allen Seiten gleichmäßig braun wird (wenn Sie den Mais auf dem Grill zubereiten, pinseln Sie Öl und Ponzu erst auf die Kolben, wenn sie gebräunt sind, sonst tropfen die Flüssigkeiten auf die Kohlen und der ganze Geschmack geht verloren).

Rühren Sie den schwarzen Sesam, Shichimi und Salz gleichmäßig zusammen, streuen Sie die Mischung über den gegrillten Mais und verteilen Sie sie mit den Händen, bis die Kolben gleichmäßig bedeckt sind.

SCHWIERIGKEITSGRAD

Ich suche verzweifelt nach neuen Wegen, »nicht schwierig« zu sagen, ohne kolbig zu wirken

KNUSPRIGE AUBERGINE MIT WÜRZIGER MISOSAUCE

2 PORTIONEN
ODER 1, FALLS ES IHR ABENDESSEN IST UND SIE DABEI NETFLIX SCHAUEN

Hier handelt es sich im Grunde um die Aromen des klassischen Nasu Dengaku – süße, mit Miso glasierte Aubergine –, gewürzt mit etwas Chili und in ein süchtig machendes Format übersetzt. Ich mag sie so gern, da sich mich so an mich selbst erinnern – eine harte äußere Schale, die man leicht brechen kann und unter der ein weiches, nachgiebiges Inneres zum Vorschein kommt.

6 EL Süße Misosauce (Seite 39)
Saft von ¼ Zitrone
scharfe Chilisauce (nach Geschmack)
1 Aubergine
80 g Mehl
veganer Ei-Ersatz für 2 Eier oder die Hälfte der Menge des Teigs für Panaden wie auf Seite 46 beschrieben
etwa 100 g Panko
Öl zum Frittieren (etwa 1 l)
1 Prise Salz
einige Prisen Aonori* (nach Wahl)

Rühren Sie Süße Misosauce, Zitronensaft und Chilisauce zusammen; von Letzterer so viel, bis die Sauce schön scharf ist.

Schneiden Sie die Aubergine in etwa 2 Zentimeter dicke Stücke. Wälzen Sie die Stücke in Mehl, dann in Ei-Ersatz oder Panadeteig und dann in Panko. Sie sollten gleichmäßig umhüllt sein.

Geben Sie das Öl in eine tiefe, weite Pfanne. Es sollte maximal halbhoch darin stehen. Erhitzen Sie es auf 180 °C. Geben Sie nun vorsichtig die panierten Auberginenstückchen ins Öl – Sie werden mehrere Portionen nacheinander frittieren müssen, es sei denn, Sie verwenden eine sehr weite Pfanne. (Achtung: Zu viel Gemüse im heißen Öl lässt die Temperatur sinken, und die Auberginen werden weich und ölig, statt knusprig.) Frittieren Sie die Auberginen 8 bis 10 Minuten, bis die Panade ein tiefgoldenes Braun zeigt. Heben Sie die Stücke mit einem Schaumlöffel aus dem Öl und lassen Sie sie auf Küchenpapier abtropfen.

Mit etwas Salz und Aonori-Flocken bestreuen und dann mit der würzigen Misosauce servieren – entweder darüber geträufelt oder zum Dippen im Schälchen.

* Aonori ist grüner, getrockneter und gehackter Seetang, ein beliebtes Gewürz in Japan.

SCHWIERIGKEITSGRAD
So sehr unschwierig

ORDENTLICHE MISOSUPPE

ERGIBT 2 GROSSE SCHÜSSELN ODER 4 KLEINE

Ein altes Sprichwort behauptet, Pizza sei wie Sex: Selbst wenn sie schlecht ist, ist sie immer noch ziemlich gut. Ich mag diese Redensart nicht. Offenbar hatte ihr Erfinder niemals wirklich schlechte Pizza und niemals wirklich schlechten Sex. Beides kann abscheulich sein. Allerdings gilt der Satz für Misosuppe: Selbst die aus Instantpulver ist ziemlich geschmackvoll, weil sie uns eine angemessen große Portion an heißem, salzigem MNG liefert. Doch da die Zubereitung einer wirklich guten Misosuppe ähnlich einfach ist, wie eine aus der Tüte aufzuwärmen, kann man es genauso gut gleich richtig machen. Man muss sich wirklich nur wenig anstrengen, um die leckere Basis aus Miso und heißem Dashi mit einem Extra an Aromen, Geschmack und Herzhaftigkeit aufzupeppen.

600 ml Dashi; jedes Dashi eignet sich, sogar Instant-Dashi – ich bevorzuge Dashi aus dreierlei Algen (Seite 34) dafür.
5 cm frische Ingwerwurzel, ungeschält
¼ Stange Lauch, fein geschnitten
2 EL getrocknete Wakame-Algen
2 Shiitakepilze, entstielt, fein geschnitten; ideal sind eingeweichte getrocknete Shiitake
8 Zuckerschoten oder Gartenerbsen
4 EL Miso (nehmen Sie mittelaltes rotes Miso in guter Qualität, wenn Sie es auftreiben)
½ Block (200 g) fester Seidentofu, in kleine Würfel (1 cm) geschnitten
ein paar Prisen weiße Sesamsamen

Bringen Sie Dashi und Ingwer zum Kochen. Fügen Sie Lauch, Wakame und Shiitake hinzu. Reduzieren Sie die Hitze und lassen Sie die Suppe simmern, bis der Lauch weich wird und sich die Algen vollgesogen haben. Geben Sie die Zuckerschoten hinzu und kochen Sie das Ganze noch 1 Minute. Die Schoten sollten knackig und hellgrün bleiben. Fischen Sie den Ingwer aus dem Topf, den Sie jetzt vom Herd nehmen, um die Misopaste einzurühren.

Verteilen Sie die Tofuwürfel auf tiefe Schalen und schöpfen Sie die Suppe samt Gemüse darüber. Garnieren Sie sie mit Sesamsamen.

SCHWIERIGKEITSGRAD

Minimal schwieriger als Instant-Misosuppe, aber maximal befriedigender

GURKE UND WAKAME MIT GEWÜRZTEM ESSIG

(SUNOMONO)

4 PORTIONEN

Diese vielseitige Beilage paart die erfrischende Knackigkeit von Gurke mit der spinatartigen Weichheit von Wakame. Gewürzt wird sie mit einem süß-salzigen Essigdressing. Ein Drifter zwischen Salat und Eingelegtem. Der ozeanig frische Geschmack erinnert an Austern, ist aber subtil genug, um mit allen möglichen Gerichten zu harmonieren. Gibt man ihr Zeit zu ziehen, wird diese Beilage noch besser – die Gurke saugt Essig und Salz auf, was sie knackiger werden lässt und ihr die Säure von Essiggurken verleiht.

2 gehäufte EL getrocknete Wakame
1 Salatgurke, längs halbiert
1 große Prise Salz
15 g frische Ingwerwurzel, geschält und fein geraspelt
abgeriebene Schale von 1 Bio-Limette (nach Wahl)
6 EL Gewürzter Essig (Seite 41)

Bedecken Sie die Wakame-Algen mit kaltem Wasser und geben Sie ihnen 30 Minuten Zeit, sich vollzusaugen. Dann schütten Sie sie ab und drücken überschüssiges Wasser aus.

Inzwischen schneiden Sie die Gurke in sehr dünne, halbrunde Scheiben (etwa 2 mm dick – nehmen Sie eventuell einen Gurkenhobel). Massieren Sie Salz, Ingwer und gegebenenfalls den Limettenabrieb vorsichtig in die Gurkenscheiben und lassen Sie sie 20 bis 30 Minuten ziehen, damit sie weich werden.

Spülen Sie die Gurkenscheiben dann unter fließend kaltem Wasser ab und drücken Sie überschüssiges Wasser aus. Mischen Sie die Scheiben mit den eingeweichten Wakame und dem gewürzten Essig.

Sie können diese Beilage sofort servieren, aber sie wird intensiver, wenn das Gemüse ein paar Stunden im Kühlschrank durchzieht und das Dressing aufsaugt. Hält sich etwa 1 Woche im Kühlschrank, ist aber nach 3 Tagen in Höchstform.

SCHWIERIGKEITSGRAD

Sehr, sehr unschwierig

JACKFRUCHT-KARAAGE

(KNUSPRIG FRITTIERTE JACKFRUCHT)

2 PORTIONEN

Die Jackfrucht wird mittlerweile als Fleischersatz in Eintöpfen, Currys und »pulled« für amerikanisches Barbecue verwendet, aber ich bevorzuge sie in Rezepten wie diesem, wo sie intakt bleibt und man ihre fleischähnliche Textur ebenso genießen kann wie ihren subtilen, an Artischocken erinnernden Geschmack. Die Jackfrucht ist tatsächlich dermaßen »fleischig«, dass Gäste sie ab und an in die Küche zurückgehen lassen, in der Annahme, wir hätten ihnen versehentlich Hühnchen serviert.

1 Dose mit 400 g junger, grüner Jackfrucht, Flüssigkeit abgießen
Maisstärke oder gewürztes Mehl (siehe unten) zum Bestäuben
mindestens 1 l Öl zum Frittieren
Salz, schwarzer Pfeffer (nach Belieben)

Marinade
4 EL Sake
2 EL Mirin
2 EL Sojasauce
1 EL Essig
Saft von 1 Limette
1 EL Sesamöl
1 EL Sriracha oder eine ähnliche scharfe Chilisauce
10 Knoblauchzehen, geschält
2 Schalotten, grob gehackt
15 g frische Ingwerwurzel, geschält, in Scheiben
½ TL Salz
¼ TL schwarzer Pfeffer
¼ TL Dashi-Pulver

Gewürztes Mehl (nach Belieben)
200 g Maisstärke
1 EL Sesamsamen
1 TL schwarzer Pfeffer
1 TL Salz
¼ TL Chilipulver
¼ TL geriebener Ingwer

Mixen Sie alle Zutaten für die Marinade in der Küchenmaschine zusammen, bis keine Klumpen mehr zu sehen sind (ganz glatt muss sie aber nicht sein).

Schneiden Sie die großen Stücke der Jackfrucht mundgerecht klein. Wälzen Sie die Stücke in der Marinade und lassen Sie sie im Kühlschrank mindestens 2 Stunden und maximal 3 Tage lang ziehen.

Für das gewürzte Mehl (falls Sie es verwenden) mischen Sie alle Zutaten gleichmäßig zusammen.

Gießen Sie das Öl in eine sehr tiefe und weite Pfanne, in der es maximal halbhoch stehen darf. Erhitzen Sie es auf 180 °C. Lassen Sie die marinierten Fruchtstücke abtropfen und wälzen Sie sie dann in Maisstärke oder gewürztem Mehl, bis alle Falten und Winkel gut bedeckt sind – das maximiert den Knuspereffekt und verhindert, dass der Zucker der Marinade verbrennt. Geben Sie die Jackfruchtstückchen portionsweise vorsichtig ins Öl. Kontrollieren Sie ab und an die Temperatur, die bei 180 °C bleiben sollte. Frittieren Sie die Stücke etwa 5 Minuten lang, bis die Kruste goldbraun ist.

Dann heben Sie die Stückchen mit einem Schaumlöffel aus dem Öl und lassen sie auf Küchenpapier abtropfen; wenn Sie kein gewürztes Mehl genommen haben, streuen Sie Salz und Pfeffer darüber. Servieren Sie die frittierten Stückchen mit Veganer japanischer Mayonnaise (Seite 43), Ponzu (Seite 44) oder der guten alten Sojasauce und, wenn möglich, einer Zitronenspalte.

SCHWIERIGKEITSGRAD

Für manche Menschen ist es schwer zu glauben, dass dieses Gericht vegan ist, aber schwer zuzubereiten ist es nicht.

KNUSPRIGES GEMÜSE KINPIRA-STYLE

(KINPIRA YASAI)

4 PORTIONEN

Eines meiner liebsten japanischen Gerichte ist knuspriges Gemüse Kinpira-Style. Dabei wird das Gemüse mit Sojasauce, Mirin, Sesam und Chili gebraten, bis die Flüssigkeit zu einer dicken, klebrigen Glasur eingekocht ist. Meist bereitet man Wurzeln der großen Klette oder des Lotus auf diese Weise zu. Großartig, wenn Sie diese Gemüse bekommen, wenn nicht, funktioniert dieses Rezept mit jedem anderen knackig-süßen Grünzeug auch. Heiß aus der Pfanne gegessen absolut lecker, aber auch kalt nicht zu verachten und eine prima Bestückung für die Bentō-Box (Seite 170).

2 EL Pflanzenöl
1 getrocknete rote Chilischote, in Streifen geschnitten, oder 1 Prise Chiliflocken
4 Karotten, geschält, halbiert, in 3 mm dicke Streifen geschnitten
150–200 g Brokkoli, in Röschen zerteilt
100–150 g Zuckerschoten
1 rote Paprikaschote, in 3 mm breite Streifen geschnitten
4 EL Sojasauce
2 EL Mirin
1 EL brauner Zucker
1 EL weiße Sesamsamen
2 TL Sesamöl

Erhitzen Sie Öl und Chili in einer großen Pfanne oder einem Wok bei hoher Hitze. Sobald die Chili zischt, geben Sie das geschnittene Gemüse hinzu und braten es unter Rühren so lange, bis es weich wird. Dann fügen Sie Sojasauce, Mirin und Zucker hinzu, mischen das Ganze und kochen es, bis sich die Flüssigkeit zu einer dicken Glasur reduziert hat. Rühren Sie Sesamsamen und Sesamöl hinein, nehmen Sie die Pfanne vom Herd und lassen Sie das Gemüse abkühlen, denn es schmeckt bei Zimmertemperatur am besten. Im Kühlschrank hält es sich 5 Tage.

SCHWIERIGKEITSGRAD

Dummerweise null schwierig

LAUCH-ERBSEN-KARTOFFEL-KROKETTEN

(YASAI KOROKKE)

ERGIBT 16 KROKETTEN (GENUG FÜR 4 PERSONEN ALS HAUPTGERICHT, FÜR 8 ALS BEILAGE)

Japanische Kroketten kommen ohne die Butter aus, die bei europäischen Kroketten zum Einsatz kommt. In Japan verlässt man sich auf die Magie der Kartoffeln, die einfach zu kochen und einfach zu formen sind – und es sind Pflanzen! Hurra, Pflanzen! Sie können sie mit quasi jedem Gemüse kombinieren (in Japan nimmt man Karotten und Kohl), aber für mich ist die Kombination aus Lauch und Erbsen ein Essen für die Seele.

1 kg mehligkochende Kartoffeln, geschält und in 2½ cm große Stücke geschnitten
2 Stangen Lauch, längs halbiert und in kleine Streifen geschnitten
2 EL Olivenöl
150 g Erbsen
Salz und Pfeffer (nach Gusto)
veganer Ei-Ersatz für 6 Eier, nach Angaben des Herstellers zubereitet, oder das Rezept Teig für Panaden (Seite 46; die doppelte Menge)
etwa 80 g Mehl zum Bestäuben
etwa 150 g Panko
etwa 2 l Öl zum Frittieren (zum Braten entsprechend weniger)

Kochen Sie die Kartoffeln 10 bis 15 Minuten, bis sie weich sind, gießen Sie sie ab und lassen Sie sie etwas abkühlen.

In der Zwischenzeit schmoren Sie den Lauch bei niedriger Hitze in Öl an, bis er weich wird, dann fügen Sie die Erbsen hinzu und schwenken Sie ein paar Minuten mit; sie sollen zart werden, aber nicht zerfallen.

Zerdrücken Sie die Kartoffeln, ziehen Sie Lauch und Erbsen unter das Püree und würzen Sie das Ganze reichlich mit Salz und Pfeffer. Sobald die Masse kühl genug ist, formen Sie 16 Bällchen daraus und klopfen diese in eine längliche Form (japanische Kroketten sind, anders als die europäischen, wirklich groß). Legen Sie diese Buletten auf ein mit Alufolie belegtes Backblech, das Sie zum Festwerden der Kroketten 30 Minuten in die Gefriertruhe stellen.

Ist dies geschehen, wenden Sie die Kroketten in Mehl und tauchen sie anschließend erst in den Ei-Ersatz bzw. den Teig für die Panade und dann in das Panko. Sie sollten gut ummantelt sein. Wenn Sie die Kroketten nicht gleich essen wollen, können Sie sie in diesem Zustand einfrieren (und später mit der Zubereitung fortfahren). Ansonsten heizen Sie Ihren Backofen auf 100 °C vor. Erhitzen Sie das Öl in einer weiten, tiefen Pfanne auf 180 °C. Geben Sie jeweils 4 bis 6 Kroketten ins heiße Öl und frittieren Sie sie etwa 8 Minuten lang, bis sie goldbraun sind. Heben Sie sie mit einem Schaumlöffel aus dem Öl, lassen Sie sie abtropfen und halten Sie sie dann im leicht geöffneten Backofen bis zum Servieren warm.

Alternative Methode
Heizen Sie den Backofen auf 200 °C vor. Gießen Sie etwa 5 Millimeter hoch Öl in eine Pfanne mit Antihaftbeschichtung und erhitzen Sie es auf mittlere Temperatur. Fühlt sich das Öl heiß an, wenn Sie die Hand darüber halten, geben Sie die Kroketten vorsichtig hinein und braten sie von beiden Seiten etwa 5 Minuten an, bis sie goldbraun sind.

Legen Sie die angebratenen Kroketten auf ein Backblech und backen Sie sie im Ofen für 15 bis 20 Minuten. Sie sind fertig, wenn Sie ein Messer mittig hindurchstechen können und sich die Klinge beim Herausziehen heiß anfühlt.

Genießen Sie die Kroketten mit viel Tonkatsu-Sauce (Seite 47), Ponzu (Seite 44) oder mit Ketchup.

SCHWIERIGKEITSGRAD

Etwas Aufwand, aber lächerlich einfach

SÜSSMAISKROKETTEN MIT CURRY

(KARĒ KOROKKE)

ERGIBT 16 KROKETTEN, WAS EINE GANZE MENGE IST (GENUG FÜR 4 PERSONEN ALS HAUPTGERICHT, FÜR 8 ALS BEILAGE); LASSEN SICH GUT EINFRIEREN

In Japan gibt es etwas, das sich Curry Pan oder Currybrot nennt: Es ist eine Art ovaler, mit Curry gefüllter Donut, sprich Curry zum Aus-der-Hand-Essen. Das Rezept dafür ist schön, aber tricky, vor allem für ein Buch mit dem Wort »easy« im Titel. (Vielleicht werde ich mein nächstes Buch *Japan vegan etwasschwierigerabernichtviel* betiteln.) Also habe ich nach Alternativen gesucht, und hier ist eine: Currykroketten, die womöglich – weil außen knuspriger – sogar besser sind. Eine Win-win-Situation!

1 kg mehligkochende Kartoffeln, geschält und in 2½ cm große Stücke geschnitten
1 Zwiebel, fein geschnitten
1 scharfe rote Chilischote, fein gehackt
2 EL Pflanzenöl
150 g Süßmais (aus der Dose ist völlig in Ordnung)
2 gehäufte EL Currypulver
1 gehäufter EL Garam Masala
Salz nach Geschmack
veganer Ei-Ersatz für 8 Eier, nach Angaben des Herstellers zubereitet, oder die doppelte Menge des Rezepts Teig für Panaden (Seite 46)
etwa 80 g Mehl zum Bestäuben
etwa 150 g Panko
etwa 2 l Öl zum Frittieren (zum Braten natürlich weniger)

Kochen Sie die Kartoffeln in 10 bis 15 Minuten weich, lassen Sie sie abtropfen und etwas abkühlen.

Inzwischen braten Sie die Zwiebeln und die Chilischote auf mittlerer Hitze in Öl an, bis sie weich sind, dann geben Sie den Mais dazu und braten weiter, bis alles anfängt anzubräunen. Fügen Sie die Gewürze hinzu und köcheln Sie weiter, bis die Masse zu einer dicken Paste eingekocht ist, die Sie vom Herd nehmen.

Pürieren Sie die Kartoffeln, vermischen Sie das Püree mit der Zwiebel-Chili-Mischung, salzen Sie das Ganze, und wenn die Masse kühl genug ist, teilen Sie sie in 16 Portionen, die Sie zu ovalen Bällchen formen. Geben Sie die Ovale auf einem mit Backpapier belegten Blech für 30 Minuten in die Tiefkühltruhe.

Ist dies geschehen, wenden Sie die Kroketten in Mehl und tauchen Sie anschließend erst in den Ei-Ersatz bzw. den Teig für die Panade und dann in das Panko. Jetzt können Sie die Kroketten auf Backpapier einfrieren oder fertig backen. (Die Schritte sind dieselben, egal ob die Kroketten frisch oder gefroren sind.)

Erhitzen Sie den Backofen auf 100 °C. Erhitzen Sie das Öl in einer weiten, tiefen Pfanne auf 180 °C.

Geben Sie die Kroketten in Portionen von 4 bis 6 Stück ins heiße Öl und frittieren Sie sie etwa 8 Minuten lang. Wenn sie tief goldbraun sind, heben Sie sie mit einem Schaumlöffel heraus, lassen sie auf einem Drahtgestell abtropfen und halten sie im Backofen bei spaltbreit geöffneter Tür warm, bis sie serviert werden.

Alternative Zubereitung
Wie bei den Lauch-Erbsen-Kartoffel-Kroketten beschrieben; siehe Seite 92.

SCHWIERIGKEITSGRAD
Schon wieder etwas Aufwand, aber wieder mal lächerlich einfach

GEBRATENE BABY-AUBERGINEN IN DASHI

(NASUBI AGEBITASHI)

ERGIBT 4 KLEINE, 2 MITTELGROSSE ODER 1 TIM-ANDERSON-PORTION

Meine Mutter mag keine Auberginen – wegen ihrer »Textur« sagt sie –, und da sie in meiner Jugend fürs Kochen verantwortlich war, gab's bei uns keine Eierfrüchte. Natürlich rebellierte ich als Teenager dagegen, indem ich zwielichtige ausländische Restaurants in Downtown Milwaukee besuchte und mir den Bauch mit verbotener Moussaka, Ratatouille und Melanzane Parmigiana vollschlug. Während meine Klassenkameraden Besäufnisse veranstalteten, Sex hatten etc., inhalierte ich Baba Ghanoush mit veganen Punks in türkischen Restaurants.

Schön wär's gewesen, aber es war nicht so. Ob Auberginen mich positiv oder negativ beeindruckten, weiß ich nicht, es gab sie einfach nicht. Aber über die Jahre habe ich dermaßen viele fantastische, denkwürdige Auberginengerichte probiert, dass sie zu meinem Lieblingsgemüse avancierten. Paniert, frittiert, als Pizzabelag, mit eindrücklichen Szechuan-Gewürzen gebraten à la »yu xiang«, als reichhaltige Caponata geschmort mit Tomaten, Kapern und Oliven oder eben als Nasubi Agebitashi: ein einfaches und klassisches japanisches Gericht aus gebratenen, mit Dashi vollgesogenen Auberginen. Ich finde sie so unwiderstehlich, dass ich nicht anders kann, als mich ab und zu zu bedienen, wenn sie im Kühlschrank durchziehen. Dabei werden sie immer besser, je länger man sie marinieren lässt, sie triefen quasi vor Geschmack. Und sie sind wirklich einfach in der Zubereitung.

etwa 400 g kleine (Baby-)Auberginen (8–10 Stück)
200–250 ml Öl zum Braten
200–250 ml veganes Tsuyu (Seite 37)
10 g frische Ingwerwurzel, geschält und geraspelt
150 g Daikon (Winterrettich) oder Radieschen, geschält, geraspelt und ausgedrückt
1 Frühlingszwiebel, fein geschnitten

Ritzen Sie die Haut der Auberginen auf beiden Seiten alle 5 Millimeter ein – das sieht dekorativ aus, steigert außerdem die Aufnahmefähigkeit dieser Eierfrucht für das Dashi und lässt sie schneller gar werden.

Gießen Sie das Öl 5 Millimeter hoch in eine große Pfanne oder Kasserolle und bringen Sie es auf mittlere Hitze. Legen Sie dann die Auberginen nebeneinander hinein (eventuell müssen Sie portionsweise arbeiten). Braten Sie sie 12 bis 15 Minuten lang an und drehen Sie sie dabei häufig um, damit sie gleichmäßig weich werden. Wenn ihre Haut brüchig wird, glänzt und das Fleisch sich mit einem Löffel leicht durchtrennen lässt, nehmen Sie die Eierfrüchte aus dem Öl und lassen sie auf Küchenpapier gut abtropfen – ich lege sie immer auf mehrere Lagen Papier und wechsle es aus, wenn es sich vollgesogen hat. Lassen Sie die Auberginen abkühlen.

In der Zwischenzeit bringen Sie das Tsuyu und den Ingwer in einer kleinen Kasserolle zum Simmern und stellen den Sud dann beiseite.

Packen Sie die Auberginen in einen Behälter und gießen Sie den Tsuyu-Ingwer-Sud darüber. Er sollte das Gemüse knapp bedecken. (Keine Sorge, wenn er nicht ganz dafür ausreicht.) Lassen Sie die Auberginen mindestens 8 Stunden, längstens 4 Tage im Kühlschrank ziehen.

Mit dem geriebenen Daikon und der fein geschnittenen Frühlingszwiebel kühl oder zimmerwarm servieren.

SCHWIERIGKEITSGRAD
Köstlich unschwer

FRITTIERTER TOFU IN DASHI

(AGEDASHI TOFU)

2 PORTIONEN, ALS BEILAGE 4, ALS HAUPTGERICHT 1 PORTION

Wenn die leichte und delikate Seite der japanischen Küche Sie bezaubert, dann ist dieses Rezept das Richtige für Sie, denn leichter und köstlicher wird's nicht: wolkiger Seidentofu, außen knusprig frittiert, innen kopfkissenähnlich weich, halb in einer klaren Dashi-Sauce liegend. Ich bin ja eher der Typ für »extrem würzige Käse-Ramen«, aber sogar ich muss sagen, dass dieses subtile, weiche Gericht etwas wunderbar Besänftigendes hat.

1 Block (etwa 350 g) fester Seidentofu
mindestens 1 l Öl zum Frittieren
etwa 80 g Kartoffelstärke oder Maisstärke zum Bestäuben
1 cm frische Ingwerwurzel, geschält und geraspelt
50 g Daikon (Winterrettich), geschält und geraspelt
1 Frühlingszwiebel, fein geschnitten
je 1 Prise weiße und schwarze Sesamsamen

DASHI-SAUCE
200 ml Dashi (Seite 33–34)
1 TL Maisstärke
1 EL Sojasauce
1 EL Mirin
1 TL Reisessig

Pressen Sie die Feuchtigkeit aus dem Tofu, indem Sie ihn in saugfähiges Küchenpapier einwickeln und, mit einem Gewicht beschwert (einer Packung Saft z. B.), 1 Stunde stehen lassen; gegebenenfalls müssen Sie zwischendurch das Papier wechseln.

Inzwischen bereiten Sie die Dashi-Sauce zu: Verrühren Sie 1 Esslöffel Dashi mit dem Maisstärke zu einer dickflüssigen Paste. Das restliche Dashi bringen Sie mit Sojasauce, Mirin und Essig in einem Topf zum Köcheln und rühren dann die Paste hinein. Lassen Sie das Ganze simmern, bis es nach etwa 1 Minute andickt. Nehmen Sie es dann vom Herd und lassen Sie es abkühlen. (Ich finde es bei Zimmertemperatur am besten, aber es ist auch heiß oder kalt sehr gut.)

Gießen Sie das Öl in eine tiefe und weite Pfanne, in der es nicht höher als bis zur Hälfte stehen sollte, und erhitzen Sie es auf 180 °C.

Schneiden Sie den ausgepressten Tofu in 6 Stücke. Wälzen Sie jedes Stück in Kartoffelstärke oder Maisstärke und frittieren Sie die Stücke 5 bis 7 Minuten lang, bis sie goldbraun sind. Heben Sie sie mit dem Schaumlöffel aus dem Öl und lassen Sie sie auf Küchenpapier abtropfen.

Mischen Sie den Ingwer mit dem Daikon und drücken Sie überschüssige Flüssigkeit heraus.

Zum Servieren geben Sie die Tofuwürfel in eine flache Schale. Gießen Sie die Dashi-Sauce drumherum, sodass der Tofu sie unten aufsaugt, oben aber knusprig bleibt. Zum Garnieren die Rettich-Ingwer-Mischung sowie die geschnittenen Frühlingszwiebeln auf dem Tofu verteilen und mit 1 oder 2 Prisen Sesamsamen bestreuen.

SCHWIERIGKEITSGRAD
Teuflisch unschwierig

GYOZA

Sicher haben Sie schon diese populärwissenschaftlichen Artikel gelesen, die einem erklären, woran man Psychopathen erkennt, z. B. daran, dass sie angeblich nie gähnen, wenn andere Leute gähnen, oder dass sie sich Rosamunde-Pilcher-Filme ansehen. Hier ein weiteres untrügliches Zeichen: Nur Psychopathen mögen kein Gyoza. Das stimmt hundertprozentig. Ich bin ein erfahrener Gyozaloge, und wenn ich in all den Jahren meines Studiums irgendetwas gelernt habe, dann dass alle anständigen menschlichen Wesen Gyoza lieben. Denn es gibt nichts, was man an diesen dampfenden kleinen, mit saftigen und aromatischen Füllungen gestopften Teigpäckchen, die oben weich und unten knusprig sind, nicht lieben kann.

Gyoza zu machen braucht etwas Übung, aber schwer ist es nicht – und sobald Sie den Groove beim Quetschen und Falten finden, wird das Ganze eine angenehm stumpfsinnige, sich wiederholende Aufgabe, eine Meditation. Wenn Sie eine Menge Gyoza machen, können Sie Freunde und Familie mit einspannen, was ein riesiger Spaß ist, ein einziges Geplauder, eine soziale Erfahrung. Ach ja, Gyoza wird noch einfacher, wenn Sie fertige, tiefgefrorene Teighüllen kaufen – das ist kein Betrug, überhaupt nicht, die meisten Menschen in Japan machen es so, allerdings müssen Sie einen asiatischen Supermarkt aufsuchen, um diese Hüllen zu bekommen.

Andernfalls folgt hier das Teigrezept für Gyoza. Ich bin geradezu berüchtigt unbegabt, was Teig angeht, aber diesen finde sogar ich einfach; er besteht aus lauter Zutaten, die Sie vermutlich schon im Küchenschrank haben.

Nicht vergessen: Auch hässliche Gyoza sind immer noch leckere Gyoza, also sorgen Sie sich nicht, wenn die Falten nicht perfekt sind. Schönheit kommt ja sowieso von innen.

TEIG FÜR GYOZA-HÜLLEN

ERGIBT 40 TEIGKREISE

280 g Mehl
½ TL Salz
120 ml frisch gekochtes Wasser
Maisstärke zum Bestäuben

Verrühren Sie Mehl and Salz in einer Schüssel. Geben Sie das heiße Wasser Schluck für Schluck ins Mehl und arbeiten Sie es mit einem Löffel oder einem Teigschaber ein. Dann bearbeiten Sie den Teig mit den Händen weiter, bis er weich und sehr (!) trocken ist. Das passt schon, er wird feuchter, wenn er durchzieht. Kippen Sie den Teig auf die Arbeitsfläche, bestäuben Sie ihn mit Maisstärke und kneten Sie ihn etwa 10 Minuten lang, bis er weich ist. (Das kann auch die Küchenmaschine mit dem Teighaken erledigen.)

Formen Sie den Teig zu zwei Rollen mit etwa 2½ cm Durchmesser. Verpacken Sie sie einzeln in Frischhaltefolie und lassen Sie sie im Kühlschrank 30 bis 60 Minuten ruhen.

Packen Sie den Teig aus – er sollte jetzt fest, aber weniger trocken sein. Streuen Sie etwas Maisstärke auf Ihre Arbeitsfläche und schneiden Sie jede Rolle in 5 Millimeter dicke Scheiben – macht zusammen etwa 40 Stück. Mit den Händen rollen Sie jedes Stück Teig zu einem kleinen Ball und diesen zu einer dünnen Scheibe aus (1 mm Stärke wäre ein gutes Ziel, aber 2 mm tun's auch). Bestreuen Sie jede Scheibe mit Maisstärke und stapeln Sie sie aufeinander; bedecken Sie den Stapel jeweils mit einem frischen, leicht feuchten Küchentuch, damit er nicht austrocknet. Wenn Sie den Teig nicht gleich weiterverarbeiten, halten sich die Scheiben etwa 3 Tage im Kühlschrank.

SCHWIERIGKEITSGRAD

Knifflige kleine Dinger, aber nicht das, was ich schwierig nennen würde.

KIMCHI-TOFU-FÜLLUNG

ERGIBT GENUG FÜR 20–24 GYOZA

Tofu und Kimchi (Seite 56) sind wie der gute und der böse Cop. Einer ist weich wie Milchtoast, der andere ist hart und kantig. Gemeinsam balancieren sie sich gegenseitig aus (siehe auch: Kimchi-Miso-Eintopf, Seite 123) und ergeben eine ausgezeichnete Füllung für Gyoza.

200 g fester (Baumwoll-) Tofu, klein gewürfelt
120 g Kimchi
2 Knoblauchzehen, fein gehackt
10 g frische Ingwerwurzel, geschält und gehackt
1 EL Pflanzenöl
1 EL Sesamöl
1 EL weiße Sesamsamen
2 Frühlingszwiebeln, in feine Scheiben geschnitten
1 EL Mehl
Salz und Chilipulver nach Geschmack

Vermischen Sie Tofu, Kimchi, Knoblauch, Ingwer, die Öle und die Sesamsamen. Braten Sie die Mischung bei mittlerer Hitze etwa 10 Minuten lang an – das sorgt dafür, dass die Zutaten trockener und Knoblauch sowie Ingwer weich werden. Ist die Mischung trocken und beginnt sie braun zu werden, nehmen Sie sie vom Herd und rühren Frühlingszwiebeln sowie Mehl hinein.

Kippen Sie das Ganze in eine Schüssel, lassen Sie es abkühlen und kneten Sie es dann mit den Händen durch. Dabei brechen Sie den Tofu in kleine Krümel (ein paar größere Brocken sind okay, aber zu viele lassen die Füllung auseinanderfallen). Mit Salz und Chilipulver abschmecken. Nach der Anleitung auf der nächsten Doppelseite weiterverarbeiten.

PILZ-SPROSSEN-FÜLLUNG

FÜR ETWA 20–24 GYOZA

Ich mag es nicht, wenn vegane Rezepte versuchen, Fleisch nachzuahmen – Gemüse sind köstlich genug, so, wie sie sind, danke schön – aber als ich dieses Rezept ausprobiert hatte, konnte ich nicht anders: Verdammt, ist das FLEISCHIG. Heißt nicht, dass man jetzt Leute dazu bringen könnte, die Füllung für Schweinefleisch zu halten, aber sie hat eine ähnliche Saftigkeit und ein Aroma, das schlicht tief und befriedigend ist.

250 g Pilze (egal welche, aber Austernpilze wären gut), fein gehackt
120 g Bambussprossen, fein gehackt
1 EL Sesamöl
1 EL Nährhefeflocken
1 Prise weißer Pfeffer
15 g frische Ingwerwurzel, geschält und gehackt
2 EL Pflanzenöl
8 Knoblauchzehen, fein gehackt
1 EL Mehl
½ TL brauner Zucker
Salz nach Geschmack

Pilze, Bambussprossen, Sesamöl, Hefeflocken, Pfeffer und Ingwer in eine Schüssel geben, gut mischen. Erhitzen Sie das Öl bei mittlerer Hitze in einer Bratpfanne oder Kasserolle, fügen Sie den Knoblauch hinzu und bräunen Sie die Mischung an. Dann geben Sie die Pilzmischung hinzu und kochen das Ganze unter häufigem Rühren, bis die Pilze ihre Flüssigkeit verloren haben und auf etwa 1/3 eingekocht sind. Mehl und braunen Zucker einrühren. Mit Salz abschmecken. Nach der Anleitung auf der nächsten Doppelseite weiterverarbeiten.

GYOZA BASTELN UND ZUSAMMENBAUEN

Für Gyoza müssen Sie sechs Dinge zur Hand haben: die Füllung, die Teigplättchen, eine kleine Schüssel Wasser, ein mit Backpapier ausgelegtes oder mit Maisstärke gepudertes Backblech, einen kleinen Löffel und ein angefeuchtetes Geschirrtuch oder feuchtes Küchenpapier.

Legen Sie ein paar Teigscheiben auf Ihre Arbeitsfläche (keine Ahnung, warum, aber ich arbeite immer an 4 oder 6 gleichzeitig). Feuchten Sie Ihre Fingerspitzen im Wasser an, dann feuchten Sie die Ränder der Teighüllen an (nicht zu viel Wasser nehmen, sonst werden sie zu weich und lassen sich nicht weiterverarbeiten). Löffeln Sie etwas Füllung in die Mitte jedes Teigkreises (etwa 1 EL), falten Sie dann den Teig über die Füllung und drücken Sie die Ränder zusammen. Es gibt zwei Wege, zu denen ich Ihnen rate:

DER UNKLASSISCHE, ABER EINFACHE WEG

Falten Sie den Teig über die Füllung and drücken Sie die Ränder zu kleinen Halbmonden zusammen. Sie müssen sie weder falten noch falzen, nur fest zusammenpressen. Dann bringen Sie die Enden des Halbmonds zueinander, drücken sie auch zusammen und erhalten so ein großes tortelloniähnliches Gebilde.

1

2

3

1

2

3

DER TRADITIONELLE WEG, DER IHRE JAPANISCHE SCHWIEGERMUTTER BEEINDRUCKT

Falten Sie den Teigkreis über der Füllung, aber drücken Sie nur eines der Enden zusammen. Mit dem Zeigefinger der einen Hand drücken Sie nun die Füllung gegen dieses Ende, während Sie mit der anderen Hand den vorderen Teigrand in eine Falte legen und diese Falte fest auf die Rundung des hinteren Teigkreises. So gehen Sie Falte für Falte vor und sollten etwa fünf Falten legen können, bevor Sie das andere Ende des Gyoza erreichen. Dann drücken Sie dieses Ende flach und haben ein klassisches Gyoza.

Stellen Sie die Gyoza in Reihen auf Ihr bemehltes oder mit Backpapier belegtes Backblech, die gefaltete Seite oben, sodass sie einen flachen Boden bekommen. Bedecken Sie sie mit einem feuchten Tuch, während Sie weiterarbeiten, damit sie nicht austrocknen. Sind die Gyoza fertig, können Sie sie abgedeckt mit Frischhaltefolie im Kühlschrank aufbewahren, bis Sie sie kochen, aber ich würde damit nicht länger als einen Tag warten, denn sie werden feucht. (Sie können sie in diesem Stadium einfrieren, auf dem Blech am besten. Geben Sie die gefrorenen Gyoza in einen Behälter oder einen Plastikbeutel und kochen Sie sie nach folgender Anweisung.)

DIE GYOZA KOCHEN

Dafür brauchen Sie drei Dinge: etwa 1 Esslöffel Öl, eine Pfanne mit Antihaftbeschichtung und gut sitzendem Deckel sowie etwa 100 Milliliter Wasser.

Erhitzen Sie das Öl und geben Sie die Gyoza hinein (so viele, wie hineinpassen, oder so wenige, wie Sie brauchen, den Rest können Sie einfrieren). Sobald die Gyoza brutzeln, gießen Sie das Wasser in die Pfanne und legen den Deckel auf. Lassen Sie die Gyoza 5 Minuten bei geschlossenem Deckel kochen. Denn legen Sie den Deckel beiseite und lassen das Wasser verdunsten. Jetzt sollten die Teigtäschchen hübsch knusprige, goldbraune Böden haben – heben Sie eines zur Kontrolle hoch. Wenn sie noch etwas blass aussehen, lassen Sie sie noch etwas in der Hitze stehen, auch wenn das Wasser verdampft ist. Geben Sie die Gyoza-Teilchen auf einen Teller und servieren Sie sie mit Ponzu (Seite 44) oder »Gyoza-Sauce«: 3 Teile Sojasauce auf 1 Teil Essig mit einem Schuss Chili- oder Sesamöl.

VEGANES SUSHI

SCHWIERIGKEITSGRAD

Nicht schwierig, es sei denn, Sie wollen ein veganes Sushirestaurant in Japan eröffnen.
In diesem Fall: Viel Glück!

Bei dem Ausdruck »veganes Sushi« könnte ich schreiend daovnrennen; ich reagiere automatisch irrational und negativ – und wann immer irgendwer es sagt, möchte ich ihm mein Knie in die Weichteile stoßen und fliehen. Das hat damit zu tun, dass Sushi in meinem Hirn als Fisch, Fisch und noch mal Fisch abgespeichert ist. Richtig?

Eigentlich nein. Ich meine ja. Von der Tradition her betrachtet, natürlich ja. Die Idee »veganes Sushi« würde die meisten Sushiköche vermutlich aufregen oder wenigstens leise in sich hineinkichern lassen. Doch tatsächlich geht's bei Sushi genauso um den Reis und die Gewürze wie um den Fisch. Da ich für dieses Buch eine Menge an Rezepten für veganes Sushi ausprobiert habe, bin ich inzwischen davon überzeugt, dass es wirklich köstlich sein und dieselbe Vielfalt an Farben, Haptiken und Aromen haben kann, die man von einem hergebrachten fischigen Sushidinner erwartet. Ich mag ein Purist in Sachen Sushi sein, aber sogar ich muss sagen, dass die folgenden Rezepte wirklich schmackhafte Häppchen entstehen lassen – die auch noch toll aussehen.

SUSHIREIS

ERGIBT ETWA 600 G GEKOCHTEN REIS
GENUG FÜR AN DIE 28 BIS 32 STÜCK SUSHI

Sushireis spielt vielleicht die wichtigste Rolle in egal welchem Sushi, veganem oder anderem. Ihn richtig hinzukriegen braucht etwas Übung, aber wenn Sie die folgenden Richtlinien im Kopf behalten, dann sollten Sie einen ziemlich guten Reis zubereiten können, besseren als den der fertigen Sushi aus dem Supermarkt oder in irgendwelchen Sushiketten.

HAPTISCHE EIGENSCHAFTEN

Sushireis sollte fest sein, aber natürlich nicht kreidig und niemals breiig. Wenn Sie die unten stehenden Schritte befolgen, sollten Sie den perfekten Garzustand erreichen; vergessen Sie aber nicht, dass auch die Art, wie Sie ihn behandeln, seine Textur beeinflusst. Wenn Sie den Reis mit den Gewürzen vermengen, sollten Sie nicht in ihm graben, sondern eher schneidende und faltende Bewegungen machen. Und wenn Sie Sushi formen, quetschen Sie sie nicht zu Tode – üben Sie gerade so viel Druck aus, dass die Körner zusammenkleben.

TEMPERATUR

Das Schlimmste an fertig gekauften Sushi ist, dass der Reis verdammt kalt ist. Das macht ihn hart (es sei denn, er ist von Anfang an zu weich gekocht) und killt sein Aroma. Sushireis sollte Körpertemperatur haben, auf jeden Fall leicht warm sein – stellen Sie sich Sushi einfach als ein Butterbrot vor: Irgendetwas wenig Kohlenhydrathaltiges liegt auf einer kohlenhydrathaltigen Unterlage. Also: Nie würden Sie ein Sandwich mit gekühltem Brot anbieten, das wäre schlicht gruselig und eklig.

WÜRZEN

Sushireis wird mit Sushi-Essig gewürzt, und zwar mit jeder Menge davon, solange er noch heiß ist, damit die Körner den Essig aufsaugen können. Klar, Sie haben aromatische Toppings und Sojasauce zum Tunken, aber der Reis sollte pur bereits würzig und salzig sein.

»PERFEKTION IST DER FEIND DES GUTEN.«

VOLTAIRE

Sie werden bei Ihrem ersten Versuch vermutlich noch nicht den perfekten Sushireis auftischen (vielleicht nie, wenn wir realistisch sein wollen). Aber die gute Nachricht ist: Der Reis muss nicht perfekt sein, nur gut. Und das erreichen Sie folgendermaßen:

300 g Reis, gewaschen
390 ml Wasser
5 EL Gewürzter Essig (Seite 41)
1 große Prise Meersalz

Kochen Sie den Reis, wie ich es auf Seite 26 schildere, aber waschen Sie ihn vorher besonders gründlich – Sie wollen hübsche Körner bewundern, also waschen Sie überschüssige Stärke so lange ab, bis Sie Gefahr laufen, die Geduld zu verlieren.

Ist der Reis fertig gegart, breiten Sie ihn in einer großen, flachen Schale oder in einem Bräter aus, besprenkeln ihn mit Essig und salzen ihn. Mischen Sie den Essig mit einem Küchenspatel oder einem speziellen Reislöffel, Paddel genannt, unter. Dabei eher schneiden und falten als baggern. Lassen Sie den Reis etwas abkühlen und geben Sie ihn dann zurück in den Topf, in dem Sie ihn gekocht haben. Deckel drauf, so bleibt er warm, bis Sie ihn brauchen.

NIGIRI

Nigiri sind die Sushi, bei denen etwas auf ein Kissen aus Reis gelegt wird, im Gegensatz zu Maki-Sushi, den Rollen. Die sind unstreitig schwerer herzustellen, weil es etwas Übung verlangt, bis man die Technik drauf hat, aber wenn ich sie hinkriege, dann kriegen Sie sie auch hin. Klar, ich verdiene mein Geld mit japanischer Küche, aber hauptsächlich mit Nudeln – ich bin kein ausgebildeter Sushikoch und würde ich versuchen, in einem anständigen Sushi-ya zu arbeiten, würde man mich nach etwa fünf Minuten rauswerfen. Meine Nigiri-Fähigkeiten sind, ehrlich gesagt, mies. Aber hält mich das ab? Nein!

Stellen Sie Ihren gekochten, körperwarmen Reis und eine kleine Schüssel mit gesalzenem Wasser bereit. Damit befeuchten Sie die Hände und nehmen dann etwas Reis – in der Größe eines Tischtennisballs etwa – in die Hand. Quetschen Sie den Reis leicht zusammen, indem Sie die Handflächen krümmen, bis er etwa 4 Zentimeter lang und 1½ bis 2 Zentimeter breit ist und eine längliche Form hat.

Nehmen Sie eine Scheibe des Belags und legen Sie den Reis darauf (Nigiri macht man im Grunde falsch herum). Mit Zeige- und Mittelfinger drücken Sie nun den Reis in der ganzen Länge auf den Belag. Krümmen Sie die Handfläche, damit der Reis dabei die Form behält (*nigiri* bedeutet übrigens gepresst) – der Reis sollte fest auf dem Belag sitzen, und die Oberfläche sollte gerade und flach sein, damit das Sushi nicht umfällt, wenn Sie es umdrehen und auf einen Teller stellen.

Jedes der folgenden Rezepte ergibt 8 Sushi. Jedes Rezept ist auf ein Viertel des Reisrezepts (Seite 108) zugeschnitten. Sie können also alle vier Rezepte damit verwirklichen oder sich für eine eigene Mischung entscheiden.

NIGIRI-SUSHI

ERGIBT 7–8 STÜCK

NIGIRI MIT GERÖSTETER ROTER PAPRIKA

Das ist eines meiner liebsten veganen Sushi, nicht nur wegen seines lieblich-süßen Geschmacks, sondern auch, weil mich die geschälten Paprikaschoten an frischen Maguro, an roten Thunfisch, erinnern, so weich und auffallend rot, wie sie sind.

1 große rote Paprikaschote
2 EL Sojasauce
1 EL Mirin
Saft von ¼ Zitrone
¼ Portion Sushireis (Seite 108)
etwa 1 cm frische Ingwerwurzel, geschält und geraspelt
etwas Schnittlauch, fein gehackt

Legen Sie die Paprikaschote auf einem Backblech unter den vorgeheizten Grill. Unter häufigem Wenden grillen Sie sie 10 bis12 Minuten, bis ihre Haut blasig und braun, an manchen Stellen auch schwarz ist. Geben Sie die Paprika nun in einen Plastikbeutel, den Sie verschließen. 10 Minuten muss die Schote in ihrem eigenen Dampf ziehen, dann können Sie die Haut abziehen, den Stiel herausdrehen und die Samen entfernen. Schneiden Sie die Paprikaschote in 8 schöne Streifen – am besten schneiden Sie den Boden ab und schneiden an einer Seite der Paprikaschote ganz hinab – automatisch rollt sich ein langer Streifen ab. Mischen Sie Sojasauce, Mirin und Zitronensaft, lassen Sie die Streifen darin eine Weile marinieren, idealerweise wenigstens 1 Stunde. Nun können Sie sie in Nigiri verwandeln (Seite 109) und jedes Stück mit etwas Ingwer und Schnittlauch garnieren.

KURKUMA-TOFU-TAMAGOYAKI

Ich habe dieses Rezept erfunden, um Tamagoyaki zu imitieren, mein langjähriges Lieblingssushi mit Omelett. Es schmeckt nicht wirklich wie Ei, aber es sieht so aus und hat einen ähnlichen Biss. Hey, zwei von drei: nicht übel!

1 EL Mirin
1 TL gemahlene Kurkuma
1 große Prise Salz
180 g fester (Baumwoll-)Tofu, in 8 Rechtecke geschnitten
1 TL Öl
¼ Portion Sushireis (Seite 108)
½ Blatt Nori-Algen, in 1 cm breite und 10–12 cm lange Streifen geschnitten

Rühren Sie Mirin, Kurkuma und Salz zusammen, gießen Sie den Mix über den Tofu und schwenken Sie den Tofu darin durch, damit er gleichmäßig überzogen ist. Lassen Sie ihn wenigstens 30 Minuten darin marinieren. Bringen Sie das Öl in einer Pfanne mit Antihaftbeschichtung auf hohe Hitze und braten Sie den Tofu für einige Minuten auf jeder Seite an, bis er leicht gebräunt ist. Lassen Sie ihn abkühlen und kombinieren Sie ihn nach den Anweisungen auf Seite 109 mit Reis zu Nigiri. Wickeln Sie ein Stück Nori um jedes Sushi, indem Sie die Enden der Streifen mit etwas Wasser auf dem Reis festdrücken.

MIT PONZU GEGRILLTES PILZ-NIGIRI

Pilze von guter Qualität werden in Japan oft einfach gegrillt und mit etwas Limette und Salz zum Würzen serviert. Die Kombination aus Zitrus und Pilz mag merkwürdig scheinen, funktioniert aber bestens – die Säure der Limette bildet einen perfekten Akzent gegenüber dem tiefen, erdigen Umami der Pilze.

1 EL Sojasauce
1 TL Sesamöl
Saft und abgeriebene Schale von ½ Limette
4 große braune Champignons oder ähnliche Pilze, entstielt und halbiert
¼ Portion Sushireis (Seite 108)

Vermischen Sie Sojasauce, Sesamöl und Limettensaft und geben Sie die Pilze in diese Mischung. Grillen Sie sie mit den Lamellen nach oben, bis sie etwas schrumpfen und braun werden. Verwandeln Sie sie nach den Anweisungen auf Seite 109 in Nigiri und garnieren Sie sie mit der Limettenschale.

AUBERGINEN-NIGIRI UNAGI-STYLE

Seit ewigen Zeiten war Unagi (Aal) mein Lieblingssushi. Dann erfuhr ich, dass diese AalArt, die im Frischwasser lebt, durch Überfischung und Klimawandel bedingt, vom Aussterben bedroht ist. Okay: Das war's mit Unagi für mich! Zum Glück gibt es diese gegrillt-gequetschte Auberginenversion. Sie hat eine ähnlich weiche, fette Haptik wie Aal.

½ Aubergine oder 2–4 Babyauberginen
Öl zum Anbraten
Wasabi (optional)
¼ Portion Sushireis (Seite 108)
3–4 EL Süße Sojasauce (Seite 40)
weiße Sesamsamen zum Verzieren
Sanshō-Pfeffer* zum Verzieren

Eine große Aubergine teilen Sie in 8 Schnitze von etwa 6 Zentimeter Länge und 2 Zentimeter Breite. Babyauberginen schneiden Sie in Hälften, größere Exemplare vierteln Sie. Ritzen Sie die Haut der Eierfrüchte alle 8 mm oberflächlich ein.

Braten Sie die Schnitze auf mittlerer Hitze in Öl an – es sollte 1 Zentimeter hoch in der Pfanne stehen. Wenn sie richtig weich sind, lassen Sie sie abtropfen und tupfen sie mit Küchenpapier trocken. Geben Sie etwas Wasabi auf jedes Reiskissen, bevor Sie es auf die Auberginenspalten legen und sie nach den Anweisungen auf Seite 109 in Nigiri verwandeln. Mit Süßer Sojasauce (Seite 40) bestreichen.

Idealerweise ziehen Sie jetzt den Flambierer aus der Schublade und flambieren jedes Nigiri, bis die Sojasauce karamellisiert. Sie haben keinen? Nicht schlimm, schmeckt auch so klasse. Garnieren Sie jedes Sushi mit Sesamsamen und Sanshō.

* Sanshō ist japanischer Pfeffer oder Bergpfeffer. Sowohl die Blätter als auch die Früchte dieser Pflanze der Zitrusfamilie (Rutaceae) werden zum Würzen verwendet.

MAKI-SUSHI

Let's rock some rolls! Viele Maki-Sushi oder Sushiröllchen sind traditionellerweise vegan, weil sie häufig eingelegtes oder anderes knackiges Gemüse als harten Kontrast zu dem weichen Reis einsetzen. Aber ich finde, wir können Besseres als Gurke und getrockneter Kürbis, finden Sie nicht auch? Die folgenden Rezepte gehören zu den feinsten Sushi, die ich jemals produziert habe – den Fisch hat dabei noch niemand vermisst.

Jede Sushirolle ergibt jeweils 6 Stück Sushi, und Sie brauchen dafür 100 Gramm gekochten Reis (50 Gramm ungekochter Reis als Basis), ein halbes Blatt Nori-Algen und eine Schüssel mit Wasser. Natürlich brauchen Sie eine Sushimatte, oder, wenn Sie keine haben, ein in mehrere Lagen Frischhaltefolie eingewickeltes Küchenpapier. Kein Scherz! Das ist ein guter Ersatz. Die Technik ist für jede Sushirolle dieselbe, aber die Anordnung ist jeweils etwas unterschiedlich, deshalb stehen die einzelnen Schritte bei den jeweiligen Rezepten.

Jedes Rezept ergibt 3 Rollen, insgesamt 18 Stück, auf der Basis von 150 Gramm Reis – also der halben Menge des Rezepts von Seite 108.

MAKI-SUSHI

ERGIBT 18 STÜCK PRO REZEPT, 36 STÜCK INSGESAMT

SÜSSKARTOFFELSUSHI MIT PONZU

1 große Süßkartoffel, gewaschen, ungeschält
3 EL Ponzu (Seite 44)
1½ Nori-Blätter
½ Portion Sushireis (Seite 108)
etwas Schnittlauch
ein paar Prisen schwarze/weiße Sesamsamen

Heizen Sie den Ofen auf 200 °C vor. Backen Sie die Süßkartoffel 30 bis 40 Minuten, bis sie weich ist. Nehmen Sie sie aus dem Ofen, lassen Sie sie abkühlen und schneiden Sie sie in etwa 1 Zentimeter dicke Stäbchen. Schwenken Sie diese Stäbchen in der Ponzu-Sauce.

Legen Sie ein halbes Nori-Blatt mit der glänzenden Seite nach unten auf Ihre Sushimatte. Feuchten Sie die Hände mit Wasser an und verteilen Sie ein Drittel des Reises gleichmäßig auf dem Nori-Blatt; lassen Sie dabei am oberen Ende etwa 1 Zentimeter frei (den brauchen Sie, um die Rolle zu »versiegeln«). Legen Sie ein Drittel der Kartoffelstückchen auf den unteren Teil des Nori-Blattes, etwa 1 Zentimeter vom unteren Rand entfernt. Geben Sie etwas Schnittlauch und Sesamsamen darüber.

Und jetzt rollen. Zunächst rollen Sie den unteren Rand der Nori-Alge nach oben über die Füllung und drücken mit Ihren Fingerspitzen die Kartoffeln in diese Rolle hinein, was das Shushi etwas fester macht. Mit vorsichtigem Druck weiterrollen. Wenn Sie am oberen Ende des Nori-Blattes angekommen sind, befeuchten Sie den freien Streifen mit etwas Wasser und drücken dann die Rolle zusammen. Auf ein Schneidbrett legen und mit einem scharfen, nassen Messer in 6 Stücke schneiden. Für 2 weitere Rollen wiederholen Sie das Ganze.

KNUSPRIGE AVOCADOSUSHI

1½ Nori-Blätter
½ Portion Sushireis (Seite 108)
1 Avocado, in 1 cm breite Streifen geschnitten
¼ Salatgurke, entkernt, in lange, höchstens 3 mm breite Streifen geschnitten
etwa 100 g Cornflakes, zerdrückt
einige Prisen Shichimi
einige Spritzer Sriracha

Legen Sie ein halbes Nori-Blatt mit der glänzenden Seite nach unten auf Ihre Sushimatte. Feuchten Sie die Hände mit Wasser an und verteilen Sie ein Drittel des Reises gleichmäßig auf dem gesamten Nori-Blatt, festdrücken nicht vergessen. Nun wenden Sie das Nori-Blatt samt Reis um, der Reis ist jetzt unten, das Nori oben. Verstreichen Sie etwas Sriracha in einer Linie auf dem unteren Ende des Nori-Blattes, etwa 1 Zentimeter vom Rand entfernt. Legen Sie Avocado und Gurke auf diese Linie.

Rollen Sie nun den unteren Rand von Reis und Nori-Alge nach oben über die Füllung, drücken Sie Avocado und Gurke mit den Fingerspitzen fest und pressen Sie die Rolle vorsichtig zusammen. Weiterrollen, bis Sie am oberen Ende angekommen sind, dann in Cornflakes wälzen und mit Shichimi würzen. Die Rolle auf ein Schneidbrett legen und mit einem scharfen, nassen Messer in 6 Stücke schneiden. Für 2 weitere Rollen wiederholen Sie das Ganze.

Wenden Sie die Sushi erst kurz vor dem Servieren in den Cornflakes – wenn die Rolle eine Weile liegt, werden die Cornflakes weich. Wenn Sie also verschiedene Sushi anbieten wollen, bereiten Sie diese als Letztes!

HAUPTGERICHTE

メインディッシュ

Diese Gerichte brauchen neben Reis keine weiteren Beilagen, um ein komplettes Essen bestreiten zu können. Fast alle sind Eintopfgerichte, also ist auch der Abwasch easy.

GEMÜSETEMPURA

4 PORTIONEN

Tempura ist eine der großartigsten Möglichkeiten der Welt, Gemüse zuzubereiten, und zwar egal welches. Etwas in einer Teighülle zu frittieren ist generell eine gute Idee, aber besonders lecker schmeckt frisches auf diese Weise zubereitetes Gemüse. Im Grunde wird es in einem Teigmantel gedämpft: Es wird weicher, es behält seinen Geschmack und die leichte Knusprigkeit des Teigs bildet das perfekte Gegenstück dazu. Sie können quasi alles im Teigmantel ausbacken, daher habe ich – anstatt bestimmte Gemüse in den jeweiligen Rezepten zu beschreiben – unterschiedliche Gemüsesorten und ihre bestmögliche Zubereitung für Tempura aufgezählt.

200 g Mehl, nach Wunsch auch mehr
100 g Maisstärke
1 Prise Salz
400 ml Mineralwasser
1½ l Öl zum Frittieren (falls Sie eine sehr große Pfanne verwenden, womöglich etwas mehr)*
verschiedene Gemüse (siehe Nachbarseite)
100–150 ml Tsuyu (Seite 37), Ponzu (Seite 44) oder vegane Mayonnaise (Seite 43) zum Tunken

Mischen Sie in einer Schüssel Mehl und Maisstärke mit dem Salz. Gießen Sie dann das Mineralwasser dazu. Rühren Sie den Teig, bis er die Konsistenz geschlagener Sahne hat. Pi mal Daumen lautet hier die Devise: Ein schlecht gemixter, leicht blasiger Teig mit Klümpchen enthält mehr Luft. Seine Unregelmäßigkeiten ergeben eine leichte Struktur; zudem entwickeln sich die Klebeeigenschaften des Gluten weniger stark, sprich das Tempura wird nicht weich. Ich zum Beispiel rühre den Teig nur kurz mit Essstäbchen durch, statt mit dem Mixer.

Erhitzen Sie das Öl auf 170 bis 180 °C. Sollten Sie kein Thermometer haben, lassen Sie einen Tropfen Teig ins Öl fallen: Sinkt er, ist es zu kalt; schwimmt er sofort zischend obenauf, ist das Öl zu heiß. Er sollte unter die Oberfläche sinken, dann aufsteigen und dann zu brutzeln beginnen.

Wälzen Sie Ihr Gemüse erst im Mehl, dann im Teig. Überschüssigen Teig lassen Sie etwas abtropfen, bevor Sie Ihre Veggies vorsichtig ins Öl geben.

Mit der Küchenzange oder mit Stäbchen halten Sie die Gemüsestückchen beim Frittieren auf Abstand voneinander, damit sie nicht zusammenkleben. Sie brauchen mehrere Durchgänge – idealerweise isst man das Gemüse quasi direkt aus der Fritteuse. Wenn Sie Ihre Gäste in der Küche platzieren können, dann versammeln Sie sie um sich und spielen den »Tempurista«, der serviert, sobald das jeweilige Gemüse fertig ist. Geht das nicht, legen Sie die frittierten Stücke in den mäßig heißen, einen Spalt geöffneten (damit die Feuchtigkeit abzieht) Backofen.

Das Tempura ist fertig, sobald es einen leicht goldenen Schimmer zeigt und sich hart anfühlt – mit der Küchenzange oder den Essstäbchen können Sie testen, ob sich der Teig in eine knusprige Hülle verwandelt hat. Dann nehmen Sie das Gemüse aus dem Öl und lassen es auf Küchenpapier abtropfen.

Tempura serviert man traditionell mit Tsuyu, Ponzu, veganer Mayonnaise oder einfach mit Zitronenspalten und Meersalz.

* Gießen Sie das Öl in eine große, tiefe Pfanne – sie sollte einen großen Durchmesser haben, damit eine Menge Gemüse hineinpasst, aber auch so tief sein, dass das Öl nicht überläuft. Das Öl sollte wenigstens 7 Zentimeter tief in der Pfanne stehen und nicht höher als 7 Zentimeter unterhalb des Pfannenrandes.

SCHWIERIGKEITSGRAD

¡No es difficulto!

Pilze: Mittelgroße Pilze wie Shiitake, braune Champignons oder Austernpilze brauchen quasi keine Vorbereitung vor dem Frittieren. Drehen Sie die Stiele aus den Shiitake, da sie gerne zäh werden. Enoki oder Shimeji sollten in kleine Stücke gebrochen werden, aber am Boden zusammenhängen. Eringi sollten Sie in ganz dünne Scheiben schneiden, da sie gerne hart werden, selbst wenn man sie durchkocht.

Brokkoli &Co.: Brechen Sie den Brokkoli in kleine, mundgerechte Röschen. Zu groß werden sie nicht gar und bleiben in der Mitte roh. Oder nehmen Sie Brokkoli mit weichem Stiel, etwa den violetten, dessen Röschen die perfekte Größe und Form haben. Blumenkohl eignet sich auch sehr gut. Ich mag besonders den Romanesco (der aussieht wie Blumenkohl auf LSD).

Karotten, Süßkartoffeln und Kürbis: Diese Gang aus harten Typen in Orange muss man sehr dünn schneiden, damit sie weich sind, sobald der Teig knusprig ist. Einige Kürbissorten mit weicherer Haut, Kabocha oder Butternut, müssen nicht geschält werden.

Auberginen: Mini-Auberginen eignen sich am besten. Große Auberginen schneiden Sie in 1 Zentimeter dicke Scheiben oder Stücke, damit sie gar werden.

Spargel: Spargel passt perfekt zu Tempura. Sie müssen nur die holzigen Enden abschneiden und nicht zu dünne Stangen nehmen, denn er wird wirklich SEHR weich.

Zuckermais: Mais lässt sich auf drei Arten für Tempura vorbereiten. Sie können die Kolben in kleine, 2½ cm breite Rädchen schneiden oder sie achteln, was quasi dreieckige Stücke ergibt.Oder Sie schaben die Körner vom Kolben (auch Mais aus der Dose schmeckt delikat) und bereiten sie à la Kakiage zu. Kakiage sind im Grunde fein geschnittene Streifen. Um sie herzustellen, lassen Sie die Körner in den Teig fallen und schöpfen sie mit einem Sieblöffel mit länglichen Öffnungen wieder heraus. Lassen Sie den Teig gut abtropfen und schieben Sie die Körner nun mit einem weiteren Löffel direkt ins Öl. So bilden sie kleine, knusprige Flöße allerbester Maisgüte!

Schwarzkohl: Ohne ihre harten Stängel erreichen die Blätter des »Palmkohls« quasi 100 Prozent Knusprigkeit. Sie können auch Grünkohl verwenden, aber der überschüssige Teig fließt schlecht von seinen Blättern und das Ganze wird schnell keksartig.

Zwiebeln und Lauch: Die notorischen Zwiebelringe, die nicht unbedingt rund sein müssen. Schneiden Sie die Zwiebeln schräg in 7 Millimeter breite Scheiben, genauso den Lauch, und Sie erhalten Ovale, die Sie in den Teig tauchen.

Paprika: Die besten Paprikaschoten für Tempura sind Padróns oder die (schwer aufzutreibenden) japanischen Shishito, die man einfach in den Teig wirft – Vorbereitung entfällt. Aber die gängigen Paprika tun's – in Spalten oder Ringe geschnitten – ebenso.

Okraschoten: Mit ihrem frischen, feinen, süßlichen Geschmack und dem klebrigen Innenleben machen in Tempura frittierte Gambo, Gombo oder Ladyfinger ungefähr so süchtig wie Chips. Schneiden Sie sie in der Mitte durch, dann werden sie maximal knusprig.

Fenchel: Scheint eine merkwürdige Wahl für Tempura, da der anisartige Geschmack in der japanischen Küche nicht vorkommt, aber ein großer Teil dieses Aromas verdampft beim Frittieren. Übrig bleibt ein süßliches, schmackhaftes Gemüse mit subtilem Geruch. Schneiden Sie die Knollen in etwa 5 Millimeter breite Scheiben.

Ungeeignet: Frühlingszwiebeln, Zucchini und Tomaten.

KIMCHI-MISO-EINTOPF

(KIMCHI NABE)

4 PORTIONEN

Die koreanische Küche hatte einen großen Einfluss auf die japanische, so stark, dass es manche koreanische Zutaten in quasi jedem japanischen Supermarkt gibt. Eine dieser Zutaten ist, ganz klar, Kimchi, der würzige, fermentierte Kohl, den man oft als Nationalgericht Koreas bezeichnet. In Japan ist Kimchi nötig für Kimchi Nabe, einen Eintopf, der die spritzig-würzige, salzig-saure Umami-Power mit saisonalen Gemüsen in einer leichten, aber schlagkräftigen Brühe zusammenspannt. Gerade im Winter wunderbar.

1 EL Pflanzenöl
1 EL Sesamöl
1 Zwiebel, fein geschnitten
80 g Miso
2 EL Sake
800 ml Dashi (egal welches, siehe Seite 33–34) oder Wasser
350–400 g Kimchi (kalkulieren Sie dabei etwas Kimchi-Saft ein)
20 g frische Ingwerwurzel, geschält und geraspelt
2 EL Mirin
scharfe Chilisauce und Sojasauce, nach Geschmack (oder nehmen Sie Gochu-jang, koreanische fermentierte Chilipaste, wenn Sie sie bekommen)
400–600 g Tofu, in 2½ cm große Würfel geschnitten (Baumwoll- oder Seidentofu sind beide okay, aber ich bevorzuge den herzhaften Biss des festeren Baumwolltofus bei diesem Gericht)
2 Stangen Lauch, schräg in 1 cm breite Scheiben geschnitten
½ Chinakohl oder Wirsing, ohne Strunk und in 4 cm große Stücke geschnitten
400 g Pilze (eine Mischung aus Shiitake, Enoki und Austernpilzen ist fein)
4 Portionen rohe Ramen-Nudeln oder gekochter Reis

Erhitzen Sie die Öle bei mittlerer Temperatur in einer tiefen Kasserolle oder einem Topf und braten Sie die Zwiebel glasig. Rühren Sie das Miso ein und fügen Sie den Sake hinzu. Geben Sie Dashi, Kimchi, Ingwer und Mirin dazu und bringen Sie das Ganze zum Kochen. Lassen Sie es 10 bis 15 Minuten simmern, damit sich die Aromen gut mischen. Dann schmecken Sie mit Chili- sowie Sojasauce nach Gusto ab. (Die Brühe würzt alles, was in die Suppe kommt, mit, also darf sie gern ziemlich scharf und salzig sein.)

Nun geben Sie Tofu, Lauch, Kohl und Pilze in die Suppe, die Sie erneut zum Kochen bringen. Lassen Sie sie etwa 5 Minuten köcheln, bis das Gemüse weich ist. Wenn Sie Ramen-Nudeln anbieten, geben Sie sie jetzt in die Brühe und kochen sie darin al dente; Reis servieren Sie separat. Bringen Sie den Eintopf in der Kasserolle auf den Tisch, sodass sich Ihre Gäste selbst bedienen können.

SCHWIERIGKEITSGRAD

Eintopf ist immer einfacher als zwei Töpfe.

BETÄUBEND SCHARFER TOFU SZECHUAN-STYLE MIT GETREIDE

(MAPO TOFU)

4 PORTIONEN

Ich bin versessen auf Mapo Tofu, einen chinesischen Klassiker mit Schweinefleisch und von betäubender Schärfe. Ich habe x Varianten ausprobiert, vegane Versionen eingeschlossen, aber kam doch immer wieder auf das Original mit Schweinefleisch zurück. Allen anderen Varianten fehlte der Biss. Die Lösung war Vollkorn – et voilà! Endlich hatten wir ein veganes Mapo Tofu auf dem Teller – würzig und mit fleischähnlicher Textur!

Es gibt eine japanische, zahme Version von Mapo Tofu, die weniger scharf und süßer ist. Aber hier greife ich auf das Original aus Szechuan zurück, denn ich LIEBE es einfach scharf.

Für dieses Rezept brauchen Sie zwei chinesische Zutaten aus dem Asia-Supermarkt: eingemachte schwarze Bohnen und Doubanjiang (fermentierte Chili-Bohnen-Paste). Die Bohnen können Sie weglassen, falls Sie sie nicht bekommen. Doubanjiang lässt sich durch Miso ersetzen – dann müssen Sie für den besonderen Kick etwas mehr Chili hinzufügen.

Die Kochzeit hängt vom verwendeten Getreide ab: Sie kann 10 Minuten wie bei Buchweizen und bis zu 45 Minuten für Dinkel betragen.

2 Päckchen fester oder extrafester Seidentofu (600–700 g), in 2½ cm große Würfel geschnitten
100 g Vollkorngetreide (z. B. Freekeh, Dinkel, Buchweizen)
1½ EL Szechuanpfefferkörner
4 getrocknete rote Chilischoten oder 1 TL Chiliflocken
4 EL Pflanzenöl
1 Bird's-Eye-Chilischote, fein geschnitten
4 Knoblauchzehen, fein geschnitten
10 g frischer Ingwer, fein geraspelt
1 Stange Lauch, halbiert und in Scheiben geschnitten
1 EL eingemachte schwarze Bohnen (nach Geschmack)
80 g Doubanjiang, Szechuan-Chili-Bohnen-Paste
1½ EL Zucker
500 ml Dashi (Seite 33)
1 EL Sesamöl
1½ EL Maisstärke, mit Wasser angerührt
Pilz-Ketchup und/oder Sojasauce (nach Gusto)
1 Handvoll Korianderblätter, grob zerpflückt
geröstete Sesamsamen zum Garnieren
jede Menge Sanshō-Pfeffer (nach Gusto)

Bringen Sie in einem Topf gesalzenes Wasser zum Kochen. Geben Sie die Tofuwürfel hinein und pochieren Sie sie 10 Minuten. Herausnehmen und trocknen lassen. Bringen Sie das Wasser wieder zum Kochen und geben Sie das Getreide hinein. Lassen Sie es simmern, bis es al dente ist, dann abgießen und beiseitestellen.

Rösten Sie Szechuanpfeffer und Chili in einer Pfanne bei mittlerer Hitze trocken an, bis sich das Aroma entwickelt. Mörsern Sie die Mischung dann zu grobem Pulver.

Gießen Sie das Öl in die Pfanne, erhitzen Sie es und geben Sie Bird's-Eye-Chilischoten, Knoblauch, Ingwer, Lauch, schwarze Bohnen sowie gekochtes Getreide dazu. Braten Sie das Ganze, bis der Lauch weich wird. Rühren Sie das Doubanjiang, den Zucker und die gemahlene Szechuanpfeffer-Chili-Mischung hinzu. Unter häufigem Rühren einige Minuten köcheln, dann das Dashi und das Sesamöl hinzufügen, erneut aufkochen lassen und die angerührte Maisstärke dazugeben. Köcheln lassen, bis der Eintopf eindickt. Die Sauce abschmecken und mit Pilz-Ketchup und/oder Sojasauce abschmecken. Nun vorsichtig den Tofu einrühren, ohne ihn zu zerbrechen. Mit Koriander und Sesamsamen oder einer Unmenge an Sanshō-Pfeffer garniert servieren.

SCHWIERIGKEITSGRAD

Sagenhaft nicht schwierig

MENCHI KATSU

(PANIERTE VEGANE BURGERBRATLINGE)

4 PORTIONEN

Ich war nie ein Fan von vegetarischen Burgern. Der Versuch, Fleisch nachzuahmen, hat mich nie überzeugt. Aber vor einer Weile aß ich diesen Burger in Brixton, in einem Lokal namens Halo Burger – und der war eine Offenbarung.

Ich machte lauter Kreuzchen auf meiner inneren Burgercheckliste – das Teil war eine verdammt perfekte Imitation von Hans im Glück. Das »Fleisch« war köstlich und vermutlich nur als Ersatz erkennbar, wenn man schon vorher wusste, dass es einer war. Auch der Käse war unglaublich. Ich wusste nicht, dass der Burger vegan war, nicht nur vegetarisch, und konnte nicht fassen, dass ich keinen echten Käse gegessen hatte.

Natürlich hatten Salat, Tomaten, Sauce und saure Gurken dazu beigetragen, eventuelle Mängel in Geschmack und Biss zu verschleiern, aber das tut nichts zur Sache – schließlich geht es nicht um eine einzige Zutat, sondern um das Zusammenspiel aller Zutaten. Endlich verstand ich, was ein Gemüseburger können muss: Er muss einfach, geradeaus und klar nostalgische Freuden befriedigen. Das Problem: Bisher hatten meine Burgerversuche das nicht. Ich übertreibe nicht, wenn ich sage, dass dieser Burger mein Leben veränderte– als stünde ich jetzt wie Alice hinter dem Spiegel. Wenn ein veganer Burger dermaßen gut sein kann, dann ist einfach alles möglich, z.B. auch ein veganes Menchi Katsu.

Menchi Katsu ist quasi das Tonkatsu des kleinen Mannes: paniertes und gebratenes Fleisch, doch anstelle von Filet, Rücken oder Steaks besteht es aus Hackfleisch. Ich dachte mir, das sei der ideale Weg, um mit Fleischersatz zu experimentieren, und ich hatte recht – sie waren genauso knusprig, saftig und befriedigend wie die traditionelle Version.

4 vegane Burgerpatties – empfehlenswert finde ich Beyond Meat, aber wenn Sie eine andere Marke haben, die Sie bevorzugen, dann legen Sie damit los
Salz und schwarzer Pfeffer nach Geschmack
60 g Mehl
veganer Ei-Ersatz für 4 Eier, nach Herstellerangaben zubereitet, oder 1 Portion des Teigs für Panaden (Seite 46)
100–120 g Panko
Öl zum Braten

Zum Servieren
½ Spitzkohl, sehr fein geraspelt
250 g gekochter Reis oder 8 Scheiben Weißbrot
Tonkatsu-Sauce (Seite 47)
Ketchup oder vegane japanische Mayo (Seite 43)

Würzen Sie jedes Patty gut mit Salz und Pfeffer, bevor Sie es in Mehl, Ei-Ersatz oder Teig und Panko wälzen, dann wieder im Ei-Ersatz und zuletzt wieder in Panko (das gibt ihm eine super-dicke, superknusprige Kruste).

Geben Sie 1 Zentimeter hoch Öl in eine Pfanne, erhitzen Sie es auf mittlerer Temperatur und braten Sie die Patties etwa 4 Minuten auf jeder Seite goldbraun und knusprig. (ACHTUNG: Wenn Sie die Patties eingefroren haben, müssen sie jetzt noch für 10 Minuten in den auf 180 °C vorgeheizten Backofen, damit sie durch und durch gar sind.)

Lassen Sie sie auf Küchenpapier abtropfen und würzen Sie sie mit Salz und Pfeffer nach. Mit geraspeltem Kohl, Reis und literweise Tonkatsu-Sauce oder Ketchup servieren ODER sie mit Kohl, Tonkatsu-Sauce und veganer Mayo zwischen zwei Scheiben Weißbrot legen, als vegane Interpretation des allseits beliebten Katsu-Sandwichs.

SCHWIERIGKEITSGRAD

Kaum zu glauben, wie einfach das geht … und dass es kein Fleisch ist!

IN DASHI GESCHMORTE GEMÜSE

(ODEN / NIMONO)

4 PORTIONEN

In der japanischen Küche gibt es unterschiedliche Arten des Schmorens, die alle unter den Oberbegriff Nimono fallen, »Dinge, die gesimmert haben«. Das wahrscheinlich bekannteste Schmorgericht ist Oden, das in spezialisierten Lokalen oder in Convenience Stores, den Kombini, verkauft wird: Verschiedenste Gemüse werden in einem leichten Dashi warmgehalten. Man sucht sich aus, was einem schmeckt, zahlt und erhält es zusammen mit etwas Brühe entweder in einer großen Schüssel oder einem Eimerchen. Nichts ist angenehmer, als bei ekelhaft eisigem Wetter sein Gesicht in eine Dampfwolke aus Dashi zu halten. Dass die Gemüse dabei immer saftig und weich sind, ist ein Bonus obendrauf.

1 Block (400 g) fester (Baumwoll-)Tofu
Öl zum Anbraten
1,2 l Dashi (Seite 33–34)
4 EL Sojasauce
4 EL Mirin
4 EL Sake
¼ TL Salz
1 große Karotte, geschält und in 4 große Stücke geschnitten
300 g weiße Rübchen, geschält und halbiert
1 Spitzkohl, geviertelt
8 Shiitakepilze (frisch oder getrocknet und eingeweicht), entstielt, oder braune Champignons
50 g Zuckerschoten (Zuckererbsen)
scharfer Senf (nach Gusto)

Schneiden Sie den Tofu in 4 große Stücke, die Sie schräg zu Dreiecken halbieren.

Erhitzen Sie Öl 3 Millimeter hoch in einer Pfanne mit Antihaftbeschichtung auf mittlere Temperatur und braten Sie den Tofu von allen Seiten etwa 10 Minuten lang an, bis er überall goldbraun ist. Lassen Sie ihn auf Küchenpapier abtropfen.

Verrühren Sie Dashi, Sojasauce, Mirin, Sake und Salz in einem großen Topf und bringen Sie das Ganze zum Kochen. Nun geben Sie Karotten und Rübchen dazu und lassen sie 10 Minuten simmern. Dann fügen Sie Kohl, Pilze und gebratenen Tofu hinzu und legen einen Deckel auf, der in den Topf passt, sodass Sie mit ihm alles unter die Brühe drücken können. Nochmals etwa 5 Minuten köcheln, bis der Kohl weich wird. Die Hitze erhöhen, bis die Brühe kocht, die Zuckererbsen hineingeben, 2 weitere Minuten kochen lassen, dann den Topf vom Herd nehmen.

Verteilen Sie das Gemüse auf 4 Schüsseln und schöpfen Sie das Dashi darüber. Servieren Sie das Oden mit etwas scharfem Senf, in den man entweder das Gemüse tunkt oder den man in die heiße Brühe einrührt.

SCHWIERIGKEITSGRAD

Ewig einfach, ohne Rücknahmeverpflichtung!!!

SHIITAKE-ZWIEBEL-KARTOFFEL-EINTOPF

(SHIITAKEJAGA)

4 PORTIONEN

Die ursprüngliche Fleischversion dieses Gerichts heißt Nikujaga, übersetzt Fleisch-Kartoffel, ein Name, den ich für seine klare, geradlinige Funktionalität schätze. Deshalb habe ich dieses Gericht Shiitakejaga also Shiitake-Kartoffel getauft, denn genau darum geht's – ein Eintopf voll leckerer Pilze und Knollen, gewürzt mit der schwefligen Süße von Zwiebel.

1 EL Öl
1 große Zwiebel oder 2 kleine Zwiebeln, dünn geschnitten
2 Karotten, geschält und in Stücke geschnitten
2 große, festkochende Kartoffeln, geschält und in Stücke geschnitten
1 Stange Lauch, schräg in 4 Stücke geschnitten
400 g frische Shiitakepilze, entstielt
800 ml Dashi, wenn möglich Pilz-Dashi (Seite 34)
4 EL Mirin
4 EL Sojasauce
1 EL Pilz-Ketchup
2 EL Sake
100 g Zuckerschoten (Zuckererbsen)
gekochter Reis als Beilage

Erhitzen Sie das Öl in einer Kasserolle auf mittlere Temperatur und braten Sie die Zwiebeln darin glasig. Fügen Sie nun das gesamte Gemüse bis auf die Zuckerschoten hinzu. Geben Sie Dashi, Mirin, Sojasauce, Pilz-Ketchup und Sake dazu und bringen Sie das Ganze zum Kochen. Bedecken Sie nun den Topf mit einem Deckel aus rund geschnittenem Backpapier oder mit einem Deckel, der in die Kasserolle passt, und lassen Sie den Eintopf 10 bis 15 Minuten simmern, bis das Gemüse weich ist.

Legen Sie Backpapier oder Deckel beiseite, geben Sie die Zuckererbsen in den Eintopf und kochen Sie das Ganze noch 1 letzte Minute.

Mit Reis in Schüsselchen als Beilage servieren.

SCHWIERIGKEITSGRAD

Ganz und gar nicht schwierig

BLUMENKOHL-KATSU-CURRY

4 PORTIONEN

Das Katsu im Titel bezieht sich auf das panierte Ding, das oben auf das Curry gehört, nicht auf das Curry als solches – und dieses gebratene Etwas kann quasi alles sein. Warum also nicht unser alter Freund, der Blumenkohl, der genauso saftig, geschmackvoll und lecker sein kann wie irgendeine Hühnerbrust? Die Kombi aus blähendsüßem Blumenkohl und der milden Würze von japanischem Curry ist perfekt.

1 sehr großer Blumenkohl
60 g Mehl
veganer Ei-Ersatz für 4 Eier, nach Herstellerangaben zubereitet, oder 1 x den Teig für Panaden (Seite 46)
120–150 g Panko
Öl zum Anbraten
Salz
800 ml Dashi (Seite 33–34) oder gewürzte Gemüsebrühe
200 g Japanische Curry-Roux (Seite 49)
2 EL Sojasauce
2 EL Ketchup
scharfe Chilisauce (nach Gusto)
etwa 40 g Rot eingelegter Ingwer (Seite 60) zum Verzieren (nach Gusto)
Sesamsamen zum Verzieren

Heizen Sie den Backofen auf 100 °C vor.

Stellen Sie den Blumenkohl aufrecht auf die Arbeitsfläche und schneiden Sie ihn vertikal in fingerdicke Scheiben. Die äußeren dieser Scheiben halten nicht zusammen; verwenden Sie die hier anfallenden Röschen für ein anderes Gericht. Die inneren Scheiben werden durch den Strunk zusammengehalten; versuchen Sie also, 4 solcher Scheiben mit Strunk in der Mitte zu erhalten. Sie sehen aus wie kleine Bäumchen.

Wälzen Sie die Blumenkohlscheiben erst im Mehl, dann im Ei-Ersatz oder im Panierteig, dann im Panko. Sie sollten gleichmäßig und vollständig bedeckt sein.

Gießen Sie 1 Zentimeter hoch Öl in eine große Pfanne. Erhitzen Sie es auf mittlere Temperatur und legen Sie das Blumenkohl-Katsu vorsichtig hinein. Braten Sie es auf jeder Seite etwa 5 Minuten lang an, bis es goldbraun ist. Sie werden das portionsweise tun müssen, es sei denn, Sie besitzen eine enorm große Pfanne. Lassen Sie den Blumenkohl auf Küchenpapier abtropfen, würzen Sie ihn mit ein paar Prisen Salz, legen Sie ihn dann auf ein mit Backpapier belegtes Blech und halten Sie ihn im Ofen warm, während die anderen Blumenkohlscheiben braten.

Bringen Sie das Dashi oder die Brühe in einem Stieltopf zum Kochen und rühren Sie Curry-Roux, Sojasauce, Ketchup und Chilisauce hinein. Unter stetigem Rühren etwa 5 Minuten köcheln lassen, bis die Mischung eindickt.

Zum Servieren geben Sie etwas Reis auf große Teller, schöpfen die Currysauce darüber und legen den gebratenen Blumenkohl obenauf (Sie können ihn geschnitten servieren oder Messer und Gabel neben die Teller legen). Garnieren Sie das Ganze mit dem roten Ingwer und den Sesamsamen.

SCHWIERIGKEITSGRAD

Ich würde sagen … nicht schwierig.

PFANNENGERÜHRTER KOHL MIT SOJASPROSSEN UND INGWERSAUCE

(KYABETSU TO MOYASHI NO SHŌGAYAKI)

4 PORTIONEN

Dieses Gericht habe ich von einem japanischen Soulfoodklassiker abgeleitet: Buta Shōgayaki bzw. pfannengerührtes Schweinefleisch mit Ingwer. Da dieses Gericht bereits zur Hälfte aus Gemüse in Form von Kohl und Bohnensprossen besteht, vielleicht sogar aus mehr, fragte ich mich, ob es ohne Schwein funktionieren würde. Und das tut es verdammt gut. Die Gemüse werden fantastisch knusprig und bieten dadurch genauso viel Genuss wie Fleisch.

60 g frische Ingwerwurzel, geschält und dünn geschnitten (gegen den Faserverlauf)
6 EL Sojasauce
6 EL Mirin
4 EL Sake
1 EL Ketchup
1 TL Sesamöl
1 EL Maisstärke
1 EL Pflanzenöl
1 Zwiebel, fein geschnitten
1 Spitzkohl, halbiert und ohne Strunk, in 1 cm breite Streifen geschnitten
300 g Sojasprossen
2 Frühlingszwiebeln, fein geschnitten, zum Verzieren
geröstete weiße Sesamsamen zum Verzieren
250 g gekochter Reis als Beilage

Pürieren Sie Ingwer, Sojasauce, Mirin, Sake, Ketchup, Sesamöl und Maisstärke in der Küchenmaschine oder mit dem Pürierstab.

Erhitzen Sie das Öl in einem Wok oder einer tiefen Pfanne und geben Sie Zwiebel sowie Kohl hinein, sobald es sehr heiß ist. Braten Sie das Gemüse 4 bis 5 Minuten unter stetigem Rühren an. Geben Sie dann die Sojasprossen und die Ingwer-Soja-Mirin-Mischung dazu. Braten Sie das Gemüse 3 bis 4 Minuten weiter, bis die Sprossen weich zu werden beginnen und die Sauce alles überzogen hat.

Mit Frühlingszwiebel und Sesamsamen garniert servieren, Reis dazustellen.

SCHWIERIGKEITSGRAD

Zum Platzen einfach

JAPANISCHES SELLERIESTEAK

(WAFŪ SERORIAKKU SUTĒKI)

ERGIBT 3 »STEAKS«

Bei dem Phänomen, dass man großzügig geschnittenes Gemüse in der Pfanne anbrät und es dann plötzlich als Steak bezeichnet, bin ich zwiegespalten. Ich meine, einerseits sind es einfach keine Steaks. Andererseits: Who cares? Widersprüchlich, zerrissen, ambivalent eben, bitte abonnieren Sie meinen Podcast. Nein, ernsthaft: Diese gebratenen, leicht karamellisierten, in süßer Zwiebelsauce badenden Selleriescheiben sind mit ihrer Garnitur aus gebratenem Knoblauch dermaßen lecker, dass es völlig egal ist, wie man sie nennt.

4 Knoblauchzehen, dünn geschnitten
2 EL Pflanzenöl
1 Knollensellerie, geschält und in etwa 3 2½ cm dicke Scheiben geschnitten
schwarzer Pfeffer nach Geschmack
1 TL Sesamöl
180–200 ml Wafu-Dressing (Seite 53)
Sesamsamen
½ Kistchen Kresse
2 Frühlingszwiebeln, fein geschnitten

Geben Sie den Knoblauch in eine Pfanne mit kaltem Öl und schalten Sie den Herd auf mittlere Hitze. Lassen Sie den Knoblauch im Öl langsam goldbraun werden. Schöpfen Sie ihn dann mit dem Sieblöffel heraus und lassen Sie ihn auf Küchenpapier abtropfen.

Erhitzen Sie das Öl nun sehr stark und legen Sie die gut gepfefferten Selleriescheiben hinein. Nach etwa 5 Minuten braten pro Seite sollten sie schön braun (an manchen Stellen fast schwarz) sein. Geben Sie nun Sesamöl und Wafu-Dressing darüber und lassen Sie das Ganze kurz aufkochen.

Nehmen Sie die Pfanne vom Herd und schneiden Sie die Selleriescheiben in Stücke. Servieren Sie sie auf angewärmten Tellern (Ja! Genau so!) und gießen Sie die Sauce darüber. Mit Sesamsamen, Kresse, Frühlingszwiebeln und dem gebratenen Knoblauch garnieren.

SCHWIERIGKEITSGRAD

Ich finde es noch immer problematisch, wenn man Gemüse Steak nennt, aber ich finde es nicht schwierig, dieses Gericht zu kochen und zu genießen.

GROSSE REIS-

ご飯物と麺類

& NUDELGERICHTE

Diese (Haupt-)Gerichte brauchen keine Beilagen, denn sie sind ziemlich üppig und enthalten bereits Reis oder Nudeln. Sie sind die japanischen Geschwister der italienischen Pasta: ähnlich satt machend, einfach und angenehm reich an Kohlenhydraten.

ÜBERRASCHEND EINDRUCKSVOLLE, WÜRZIGE RAMEN MIT SESAM, AUBERGINE UND ZUCCHINI

4 PORTIONEN

Ein Ramengericht, das die Logik von Ramen unterläuft, indem es nicht nur megaköstlich ist, sondern auf der Grundlage einer einfachen Brühe schnell, einfach und vegan gekocht ist – lauter Dinge, die Ramen generell nicht darf. Man erreicht diese Eigenschaften durch reichliche Mengen an Fett, insbesondere durch das Öl, in dem das Gemüse gegart wird, und durch das Tahini, mit dem man die Brühe anreichert. Es ist das perfekte Rezept, wenn man jemanden überzeugen will, dass nicht alle japanischen und auch nicht alle veganen Gerichte leicht und gesund sind.

3 Zucchini
3 EL Essig
1 TL Zucker oder Rohrohrzucker
1 Prise Salz
1 EL Chiliflocken plus eine Extraprise
1 große Aubergine
4 EL Pflanzenöl
4 EL Sesamöl
1½ TL Szechuanpfeffer
4 Knoblauchzehen, durchgedrückt
1 cm frische Ingwerwurzel, geschält und geraspelt
4 EL Sojasauce
2 EL Mirin
scharfe Chilisauce (nach Gusto)
1,2 l Dashi, idealerweise Pilz-Dashi (Seite 34)
100 g Tahini
100 g Miso
¼ Chinakohl oder ähnlicher Kohl, grob geraspelt
4 Portionen Ramen-Nudeln
4 EL geröstete Sesamsamen, zu grobem Pulver gemörsert
1 Frühlingszwiebel, fein geschnitten

Schneiden Sie eine halbe Zucchini in lange, streichholzdicke Stifte oder holen Sie Ihren Spiralschneider aus dem Schrank und jagen Sie sie da durch. Geben Sie die Zucchini-Juliennes in eine Mischung aus Essig, Zucker, Salz und Chili. Lassen Sie sie marinieren, während Sie den Rest zubereiten.

Schneiden Sie die übrigen Zucchini und die Aubergine in grobe, etwa 1 Zentimeter dicke Stücke. Erhitzen Sie Pflanzenöl, Sesamöl, Szechuanpfeffer, Knoblauch, Ingwer und 1 Esslöffel Chiliflocken gemeinsam in einer weiten Pfanne und lassen Sie alles ein paar Minuten brutzeln; dann fügen Sie Zucchini- und Auberginenstücke hinzu.Rühren Sie gut um, damit das Öl sie völlig bedeckt. Legen Sie einen Deckel auf die Pfanne und dämpfen Sie das Ganze etwa 15 Minuten, bis die Gemüse weich sind. Ab und an umrühren. Schmecken Sie mit Sojasauce, Mirin und, wenn Sie es schärfer wollen, mit Chilisauce ab. Lassen Sie das Gemüse noch 5 Minuten kochen, damit es die Gewürze annehmen kann.

Inzwischen bringen Sie das Dashi zum Simmern, rühren Tahini und Miso hinein (am besten mit einem Mixstab, damit keine Klumpen bleiben). In einem großen Topf Wasser aufkochen. Blanchieren Sie den Kohl in 1 Minute al dente. Nehmen Sie ihn mit einem Schaumlöffel heraus und stellen Sie ihn beiseite.

Bringen Sie das Kohlwasser erneut zum Kochen, geben Sie die Ramen-Nudeln hinein und kochen Sie sie nach Herstelleranweisung al dente. Gut abtropfen lassen.

Teilen Sie die Nudeln auf 4 tiefe Schüsseln auf, gießen Sie die Miso-Sesam-Brühe darüber und rühren Sie die Nudeln mit der Brühe durch, damit sie nicht zusammenkleben. Geben Sie das Gemüse (mit dem Öl), den Sesam, die eingelegten Zucchini und die Frühlingszwiebeln darüber.

SCHWIERIGKEITSGRAD

Als ich dieses Rezept verfasste, warf die Katze eine meiner Pflanzen um – feuchte Erde überall! Sie aufzuwischen war viel schwieriger, als diesen Eintopf zu kochen.

RAMEN FÜR FAYE WONG

(PILZ-DASHI-RAMEN MIT GEMÜSE UND GEBRATENEM TOFU)

4 PORTIONEN

Ramen ohne Fleisch hat eigentlich keine Existenzberechtigung. In Japan nennt man es manchmal sogar Nikusoba – Fleisch-Nudeln. Aber möglich ist alles, und so entstand dieses Ramen: Es ist leichter als die meisten Ramen, aber dank des Pilz-Dashi und des mit Nori aromatisierten Öls hat es Tiefe und Kraft. Wir benannten es nach einer Berühmtheit unter den Vegetariern: Faye Wong, der populären Sängerin/Schauspielerin aus Kanton, die auch schon den Titel The World's Sexiest Vegetarian trägt.

300–350 g fester Seidentofu, in 8 Rechtecke geschnitten
2 EL Sake
100 g Maisstärke
1 EL schwarze Sesamsamen
100 ml plus 2 EL Pflanzenöl
1 Blatt Nori-Algen oder 1 EL Aonori-Flocken
1 große Prise Salz
1,2 l Pilz-Dashi (Seite 34)
90 ml Sojasauce
4 EL Mirin
etwa ½ Daikon, geschält und in 2½ cm dicke Scheiben geschnitten
80–100 g Enoki oder Shimeji-Pilze (Seite 18) ohne Wurzeln, in Stücke gebrochen
¼ Chinakohl, in 2½ cm breite Streifen geschnitten
4 Portionen Ramen-Nudeln
4 Shiitakepilze (hier kann man gut diejenigen verwenden, die man für Dashi eingeweicht hat), entstielt und fein geschnitten
2 Frühlingszwiebeln, fein geschnitten
½ milde rote Chilischote, entkernt und fein geschnitten
etwas abgeriebene Zitronenschale, besser noch Yuzu-Schale, falls vorhanden

Geben Sie den Tofu in eine kleine Schüssel und gießen Sie den Sake darüber. Mischen Sie Maisstärke und Sesamsamen und wälzen Sie den Tofu vorsichtig in dieser Mischung, bis er überall gut bedeckt ist.

Erhitzen Sie 2 Esslöffel Öl in einer Pfanne mit Antihaftbeschichtung auf mittlere Temperatur und braten Sie den Tofu einige Minuten auf beiden Seiten, bis er braun und knusprig ist. Auf Küchenpapier abtropfen lassen.

Pürieren Sie Nori und Salz mit 100 Milliliter Öl in der Küchenmaschine, bis die Algen kleingeraspelt haben. Lassen Sie den Mix stehen, bis sich das Öl gesetzt hat.

Bringen Sie Dashi, Sojasauce und Mirin in einem Topf zum Kochen, fügen Sie dann die Rettichscheiben hinzu. Die Hitze reduzieren, Deckel auflegen und den Rettich etwa 10 Minuten köcheln lassen, bis er weich ist. Wenn Sie Shimeji-Pilze verwenden, kochen Sie sie im Dashi weich und stellen sie dann beiseite (die Enoki muss man nicht kochen). Das Dashi unter einem Deckel weiter simmern lassen.

In einem großen Topf Wasser aufkochen und den Kohl darin 1 Minute lang blanchieren. Nehmen Sie ihn mit einem Schaumlöffel heraus und stellen Sie ihn beiseite. Bringen Sie das Kohlwasser erneut zum Kochen, geben Sie die Ramen-Nudeln hinein und kochen Sie sie nach Herstelleranweisung al dente. Sehr gut abtropfen lassen.

Teilen Sie die Nudeln auf 4 tiefe Schüsseln auf, gießen Sie das Pilz-Dashi darüber und rühren Sie die Nudeln mit der Brühe durch, damit sie nicht zusammenkleben. Geben Sie Kohl, Rettich, Pilze, Tofu, Frühlingszwiebeln, Chiliraspel und Zitronenschale darüber. Zum Schluss gießen Sie 1 oder 2 Esslöffel des Nori-Öls auf die Brühe. Sofort genießen.

SCHWIERIGKEITSGRAD

Schön, nicht schwierig

FRANZÖSISCHE ZWIEBEL-RAMEN

4 PORTIONEN

Ich verstehe nicht, warum französische Zwiebelsuppe aus der Mode gekommen ist. Sie schmeckt so dermaßen gut! Und sie geht eine perfekte Ehe mit japanischen Ramen ein. Die weichen Zwiebeln mischen sich großartig mit den Nudeln und sorgen für Süße und weichen Biss. Alles badet in einer reichen, fleischigen Brühe, die kein Fleisch enthält. Es dauert eine Weile, bis die Zwiebeln karamellisieren, aber der anschließende Genuss ist das Warten wert.

2 rote Zwiebeln, halbiert und fein geschnitten
2 braune Zwiebeln, halbiert und fein geschnitten
4 EL Olivenöl
1 TL Zucker oder Rohrohrzucker
2 Knoblauchzehen, fein gehackt
4 EL Sake
2 EL roter Portwein oder Rotwein
1,2 l Pilz-Dashi oder Dashi aus dreierlei Algen (Seite 34)
2 Lorbeerblätter
4 Stängel Thymian (nach Wahl)
frisch gemahlener schwarzer Pfeffer
4 EL Sojasauce oder mehr (nach Gusto)
1 EL Balsamico
1 EL Mirin oder mehr (nach Gusto)
1 EL Hefeextrakt (Marmite)
1½ TL Maisstärke
200 g frischer Spinat, gewaschen
¼ Wirsing, in dünne Streifen geschnitten
4 Portionen Ramen-Nudeln
4 Frühlingszwiebeln, fein geschnitten
80 g Bambussprossen (wenn möglich japanische Menma – eingelegte Bambussprossen)
etwas Sesamöl und/oder Trüffelöl
60–80 g veganer Käse (»Cheddar« oder »Italienische Art«), gerieben
4 Scheiben gutes Brot, getoastet

Braten Sie die Zwiebeln im Olivenöl bei mittlerer Hitze etwa 10 Minuten unter stetigem Rühren, bis sie glasig werden. Reduzieren Sie dann die Hitze und köcheln Sie die Zwiebeln weitere 45 bis 50 Minuten. Nach ca. 15 Minuten karamellisieren die Zwiebeln, achten Sie also darauf, dass sie nicht am Boden ansetzen. Sobald sie braun werden, rühren Sie den Zucker ein, was das Karamellisieren beschleunigt, und geben den Knoblauch dazu.

Fügen Sie dann Sake und Portwein bzw. Wein hinzu und kochen Sie das Ganze auf. Geben Sie Dashi, Lorbeer, Thymian und Pfeffer dazu und lassen Sie das Ganze 30 Minuten simmern, bevor Sie Sojasauce, Balsamico, Mirin und Hefeextrakt einrühren. Abschmecken und bei Bedarf nachwürzen. Entfernen Sie Lorbeer und Thymianstängel. 3 Esslöffel der Brühe auf einen kleinen Teller geben, abkühlen lassen, dann die Maisstärke einrühren und diese Stärkemischung zum Andicken zurück in die Brühe gießen.

Bringen Sie Wasser in einem Topf zum Kochen und blanchieren Sie den Spinat darin für etwa 15 Sekunden. Holen Sie ihn dann mit einem Schaumlöffel heraus und schrecken Sie ihn unter eiskaltem Wasser ab. Drücken Sie überschüssiges Wasser heraus. Im Spinatwasser kochen Sie den Wirsing 3 bis 4 Minuten lang weich, nehmen ihn ebenfalls heraus und stellen ihn beiseite.

Nun kochen Sie das Spinat-Wirsing-Wasser erneut auf, geben die Ramen-Nudeln hinein und kochen sie nach Herstelleranweisung al dente. Teilen Sie die Nudeln auf 4 tiefe Schüsseln auf, gießen Sie die Suppe darüber und rühren Sie die Nudeln mit Essstäbchen durch, damit sie nicht zusammenkleben. Geben Sie Spinat, Kohl, Frühlingszwiebeln, Bambussprossen, Sesam- oder Trüffelöl und veganen Käse darüber. Servieren Sie das getoastete Brot dazu.

SCHWIERIGKEITSGRAD

So wenig schwierig, dass man weinen möchte

CURRY-RAMEN

4 PORTIONEN

Die Nudeln, die in Japan am häufigsten mit Curry kombiniert werden, sind Udon. Das ist schön, aber ich persönlich sähe gern mehr Curry-Ramen, angefangen mit diesem Gericht hier. Die Viskosität der japanischen Currybrühe macht sie zum idealen Partner für Ramen-Nudeln, die gerne mit herzhaften, von Fett und Fleisch triefenden Brühen serviert werden. Sie können, ehrlich, alle möglichen Nudeln verwenden – denn dieses Rezept ist nicht wirklich traditionell, Sie werden also nicht in Konflikt mit der japanischen Authentizitätspolizei geraten, wenn Sie es mit Udon oder Somen zubereiten.

1,2 l Dashi (egal welches von Seite 33–34)
200 g Japanische Curry-Roux (Seite 49)
3–4 EL Sojasauce (nach Geschmack)
scharfe Chilisauce (nach Gusto)
100 g frischer Spinat
½ Spitzkohl, in 1 cm breite Streifen geschnitten
150 g Sojasprossen
4 Portionen Ramen-Nudeln
4 Frühlingszwiebeln, fein geschnitten
Sesamsamen
etwa 60 g Rot eingelegter Ingwer (Seite 60)
ein paar TL Chiliöl oder Sesamöl (nach Geschmack)

Bringen Sie das Dashi zum Kochen und ziehen Sie Curry-Roux, Sojasauce und Chilisauce darunter. Lassen Sie die Mischung so lange kochen, bis sie andickt. Dann reduzieren Sie die Hitze, geben den Spinat in den Topf und legen den Deckel auf.

Bringen Sie in einem großen Topf Wasser zum Kochen und blanchieren Sie Kohl und Sojasprossen für 1 bis 2 Minuten. Holen Sie das Gemüse mit einem Schaumlöffel aus dem Wasser und stellen Sie es beiseite.

Lassen Sie das Gemüsewasser erneut aufkochen und kochen Sie die Ramen-Nudeln nach Herstelleranweisung al dente. Sehr gut abtropfen lassen.

Verteilen Sie die Nudeln auf 4 tiefe Schüsseln, geben Sie Spinat und Suppe darüber und rühren Sie das Ganze mit Essstäbchen vorsichtig durch, damit die Ramen nicht verkleben. Dann geben Sie Kohl und Bohnensprossen, Frühlingszwiebeln, Sesamsamen, roten Ingwer und Chili- oder Sesamöl darauf.

SCHWIERIGKEITSGRAD

Exzessiv unschwer

RAMEN-SALAT

(HIYASHI CHŪKA)

4 PORTIONEN

Die Sommer im japanischen Archipel sind ziemlich heiß und feucht, also eigentlich nicht gemacht, um Ramen zu futtern, denn das kommt ungefähr einem kulinarischen Dampfbad gleich. Die Ramen-Shops in Japan bieten daher gekühlte Ramen-Salate wie diesen Hiyashi Chūka an, um ihre Kunden sommers zu halten. Die Nudeln sorgen dafür, dass dieses Gericht kräftig ist, dennoch ist es leicht und frisch.

100 g Kirschtomaten, halbiert
1 EL Sojasauce
2 TL Zucker oder Rohrohrzucker
1 TL Sesamöl
100 g gemischter Salat – nehmen Sie verschiedene Sorten, z. B. scharfe/milde und knackige/weiche; ich mag Bohnensprossen und Rucola
½ Salatgurke, in Stifte geschnitten
2 Karotten, geschält und in Stifte geschnitten
4 Portionen Ramen-Nudeln
240 ml Sesamdressing (Seite 42), mit etwas Wasser, etwas Salz oder Sojasauce verdünnt, oder 230 ml Wafu-Dressing (Seite 53)
2 Avocados, in 3 mm dicke Scheiben geschnitten
einige Prisen Sesamsamen

Heizen Sie den Backofen auf 180 °C vor. Mischen Sie die Tomatenhälften mit Sojasauce, Zucker und Sesamöl, legen Sie sie auf ein Backblech und grillen Sie sie 20 Minuten, bis sie etwas schrumpfen und braun werden. Lassen Sie sie abkühlen und vermischen Sie sie dann mit den Salaten, der Gurke und den Karotten.

Bringen Sie in einem großen Topf Wasser zum Kochen und kochen Sie die Ramen darin etwas weicher als al dente (denn die Nudeln werden beim Abkühlen wieder fester). Gießen Sie sie ab und spülen Sie sie gut unter fließendem kaltem Wasser ab – sie sollten gut abgekühlt und damit ohne überflüssige Stärke sein. Gut abtropfen lassen und dann mit dem Dressing Ihrer Wahl vermischen.

Verteilen Sie sie mit dem restlichen Dressing auf Teller oder flache Schüsseln und geben Sie den Salat, die Avocadospalten sowie die Sesamsamen dazu.

SCHWIERIGKEITSGRAD

Deliziös simpel

GEKÜHLTE SOBA-NUDELN MIT TSUYU

(ZARU SOBA)

4 PORTIONEN

Dieses genial einfache Gericht gehört zu meinen Lieblingen: fast pure Soba-Nudeln, gekühlt serviert mit Tsuyu-Sauce zum Dippen. Soba-Nudeln schmecken an sich schon großartig, weil sie vor nussigem Buchweizenaroma bersten. Wenn Sie sie kaufen, nehmen Sie welche aus 100 Prozent Buchweizen. Es gibt sie selten, aber ihr Geschmack ist fantastisch, süß und reich, fast an Kakao erinnernd. (Ein Zaru ist übrigens ein Bambussieb, auf dem diese Nudeln üblicherweise serviert werden.)

Es handelt sich hier um ein sehr leichtes Gericht, das man auch gut essen kann, wenn man nicht wirklich hungrig ist. Wenn Sie etwas mehr daraus machen wollen, kombinieren Sie es mit Tempura (Seite 118) als Beilage, dann können Sie die Tsuyu-Sauce für beides als Dip verwenden.

4 Portionen Soba-Nudeln
½ Blatt Nori-Algen, mit der Schere in feinste Streifen geschnitten
1 Portion veganes Tsuyu (Seite 37)
2 Frühlingszwiebeln, fein geschnitten
etwas Wasabi (falls zur Hand)

Kochen Sie die Soba nach den Hinweisen auf der Verpackung al dente – ich empfehle, sie beinahe weich zu kochen und sie dann im heißen Wasser ein paar Minuten ziehen zu lassen, weil die Nudeln dann etwas weniger steif sind. Abgießen und gut unter fließendem kaltem Wasser durchspülen, bis sie richtig abgekühlt sind und die überschüssige Stärke im Ausguss verschwunden ist.

Auf Teller verteilen und mit den Nori-Schnipseln garnieren. Die Tsuyu-Sauce vermischt mit den Frühlingszwiebeln in einem Schüsselchen daneben stellen. Wasabi extra dazu reichen, sodass sich jeder nach Gusto bedienen kann.

SCHWIERIGKEITSGRAD
Erfrischend einfach

YAKISOBA

4 PORTIONEN

Ich fand es immer bemerkenswert, wie japanische Gerichte bei manchen Köchen und ihren Gästen nachgerade zur Obsession führen, während andere das gar nicht tun. Sushiköche etwa sind für ihre extreme Disziplin, ihr handwerkliches Können und ihren scharfen Blick aufs Detail bekannt, während ihre Bewunderer sie auf eine Weise kritisch beäugen, die andere Köche in den Wahnsinn treiben würde, insbesondere in der heutigen Ära von TripAdvisor und Yelp. Ramen erntet eine ähnliche Aufmerksamkeit – Ramen-Köche werden immer präziser und umsichtiger, damit sie den gesteigerten Ansprüchen ihrer Kunden gerecht werden. Ich bin kürzlich sogar auf Instagram-Profile gestoßen, die sich dem besten Kartoffelsalat in Tokio widmen.

Ganz anders Yakisoba – was ist mit diesem köstlichen, gerne übersehenen Gericht aus gebratenen Nudeln*? Es scheint unter dem Radar zu fliegen – vermutlich weil es als zu einfach gilt, als etwas, das irgendwie jeder hinkriegt. Das heißt aber nicht, dass es nicht ebenso lecker schmecken könnte wie andere heiß diskutierte Gerichte; ein tolles Yakisoba ist eine kulinarische Schönheit. Vielleicht haben wir in naher Zukunft einen Yakisoba-Shop mit Michelin-Stern? Bis dahin behelfe ich mir mit diesem ziemlich guten Rezept.

* Der Begriff »Soba« im Gerichtenamen wird rein metaphorisch verwendet; Yakosoba wird mit Weizennudeln zubereitet..

2 EL Öl
2 Zwiebeln, in 5 mm breite Ringe geschnitten
2 Karotten, geschält, halbiert und schräg in 2 mm breite Scheiben geschnitten
½ Spitzkohl, in 1 cm breite Streifen geschnitten
6 Shiitakepilze, entstielt und fein geschnitten
1 EL Sesamöl
½ TL Dashi-Pulver
3 EL Sojasauce
2 EL Ketchup
2 EL Mirin
1 EL Sake
1 EL Pilz-Ketchup
1 große Prise weißer Pfeffer
4 Portionen Ramen-Nudeln oder chinesische Weizennudeln, vorgekocht
1 EL weiße Sesamsamen, geröstet
40–50 g Rot eingelegter Ingwer (Seite 60)
2 Frühlingszwiebeln, fein geschnitten
½ Blatt Nori-Algen, mit der Schere in feinste Streifen geschnitten

Erhitzen Sie Öl in einem Wok oder in einer tiefen Pfanne bis kurz vor den Rauchpunkt, geben Sie die Zwiebeln hinein und bräunen Sie sie an. Geben Sie die Karotten, den Kohl, die Pilze dazu und braten Sie das Ganze ein paar Minuten weiter. Dann kommen nacheinander Sesamöl, Dashi-Pulver, Sojasauce, Ketchup, Mirin, Sake, Pilz-Ketchup und weißer Pfeffer dazu. Lassen Sie die Flüssigkeit etwas einkochen, bevor Sie Nudeln und Sesamsamen einrühren. Köcheln Sie das Ganze, bis die Nudeln die Sauce aufgesogen haben.

Verteilen Sie das Gericht auf Schüsseln und geben Sie den eingelegten Ingwer, die Frühlingszwiebeln sowie die Nori-Streifen darauf. Manche mögen das Gericht auch mit scharfem Senf oder einem Klecks veganer Mayo (Seite 43).

SCHWIERIGKEITSGRAD

So wenig schwierig, dass mir die Worte fehlen

PESTO-UDON

4 PORTIONEN

Kürzlich kam in Japan und in japanischen Restaurants im Ausland der Trend Carbonara-Udon auf, der mit der japanischen Tradition, rohe Eier in Udon-Nudeln zu mischen, spielte: Man gab unterschiedliche Zutaten der italienischen Carbonara-Sauce zu den Udon, vor allem Parmesan, Schinken und schwarzen Pfeffer. Nur, warum hier die Grenze ziehen? Udon ähneln italienischen Pastasorten wie Pici, Bucatini und Linguini. Sie vertragen jegliche Art von Sauce oder Topping, Pesto eingeschlossen. Pesto war in den 1990er-Jahren ziemlich beliebt, ist aber etwas aus der Mode gekommen. Ich finde, es ist Zeit für ein Revival, und läute es mit Pesto-Udon ein.

HINWEIS Wenn Sie sich Arbeit sparen wollen und ein veganes Pesto im Supermarkt finden, das Ihnen schmeckt, dann nehmen Sie das!

50 g Pinienkerne
1 Knoblauchzehe, durchgedrückt oder fein gehackt
70–80 g frische Basilikumblättchen
50 g Miso oder veganer Parmesan
120 ml Olivenöl
4 Portionen Udon-Nudeln
frisch gemahlener schwarzer Pfeffer

Heizen Sie den Backofen auf 180 °C vor. Geben Sie die Pinienkerne auf ein Backblech und rösten Sie sie 5 Minuten. Sobald sie goldbraun sind, nehmen Sie sie heraus. Achtung: Sie brennen sehr schnell an, also behalten Sie sie im Auge. Sie können sie auch in der Pfanne anrösten, aber ich finde, sie werden dabei so ungleichmäßig, auch in der Farbe. Nehmen Sie sie aus dem Ofen und lassen Sie sie abkühlen.

Geben Sie die gerösteten Pinienkerne mit dem Knoblauch, dem Basilikum sowie dem Miso bzw. dem Käse in die Küchenmaschine oder in einen Mörser (legen Sie ein paar Pinienkerne und etwas Basilikum zum Garnieren beiseite) und mixen/mörsern Sie sie grob durch. Dann fügen Sie das Öl hinzu und fahren fort, bis Sie eine glatte Sauce haben.

Kochen Sie die Udon-Nudeln nach Herstellerangaben, gießen Sie sie ab, geben Sie sie zurück in den Topf und fügen Sie das Pesto hinzu. Gut umrühren, damit die Nudeln die Sauce aufsaugen können.

Mit etwas Basilikum, Pinienkernen und 1 Prise schwarzem Pfeffer garniert auf Pastatellern servieren.

SCHWIERIGKEITSGRAD

Es ist schwierig, bei diesem Gericht mit dem Futtern aufzuhören, es zu kochen ist nicht schwierig.

GEEISTE SOMMER-SOMEN MIT ZITRONE

4 PORTIONEN

Jeder kennt Ramen, Soba und Udon – die Heilige Dreifaltigkeit der japanischen Nudeln – aber was ist eigentlich mit Somen? Somen sind extrem dünne und köstliche Weizennudeln, die zu meinen Lieblingen gehören, auch wenn das damit zu tun hat, wie man sie mir mal als Nagashi Somen serviert hat. Nagashi bedeutet fließend, und genau das tun diese Nudeln – gekocht und gekühlt rutschen sie in fließendem Wasser auf einer Bambusrinne zu den Gästen, die sie sich mit ihren Stäbchen herausfischen. Sie tauchen die Nudeln in ein Schälchen mit Tsuyu und schlürfen sie. Dann warten sie, bis der nächste Mundvoll Nudeln in diesem Bächlein heranrauscht. Scheinbar lächerlich, doch diese Essweise macht einen Mordsspaß, ist erfrischend, und schon das Rauschen des Wassers kühlt einen im Sommer richtig ab. Sie müssen jetzt weder ein Stück Bambus noch Ihren Gartenschlauch rausholen – das Rezept funktioniert auch gut ohne diese Requisiten. Probieren Sie es am heißesten Tag des Jahres oder immer dann, wenn eine nudelige Erfrischung wünschenswert wäre.

1 Bio-Zitrone
1 l Dashi, idealerweise Kombu-Dashi oder Dreierlei-Algen-Dashi (Seite 33–34)
4 EL Sojasauce
1 EL Mirin
½ Salatgurke, entkernt und in Stifte geschnitten
½ grüner Apfel oder 1 Nashi-Birne, entkernt und in Stifte geschnitten
50 g Radieschen, fein geschnitten (nehmen Sie einen Gemüsehobel, falls vorhanden)
2 Frühlingszwiebeln, fein geschnitten
1 Handvoll Erbsensprossen
1 cm frische Ingwerwurzel, geschält und geraspelt
4 Portionen Somen-Nudeln
1 EL Sesamsamen
1 TL Sesamöl

Schälen Sie die Zitrone mit einem Sparschäler so dünn wie möglich, damit Sie nur wenig weiße Haut mitnehmen. Drücken Sie die Schalen über dem Dashi aus, um es mit ihrem Öl zu aromatisieren. Dann geben Sie die Schalen gemeinsam mit Sojasauce, Mirin und dem Zitronensaft ins Dashi und stellen das Ganze ins Eisfach, während Sie die anderen Zutaten vorbereiten. Das Dashi sollte halb gefroren sein, nicht wie Trinkeis, sondern eher wie ein See mit einer dünnen, winterlichen Eisschicht. Das dauert etwa 30 Minuten, vielleicht etwas länger. Sobald die Flüssigkeit anfängt zu gefrieren, entsorgen Sie die Zitronenschalen.

In der Zwischenzeit bereiten Sie das Gemüse vor.

Kochen Sie dann die Somen-Nudeln nach Anweisung auf dem Päckchen – sie brauchen nur etwa 1 Minute, wenn nicht sogar weniger. Gießen Sie die Somen ab und waschen Sie sie unter viel fließendem Wasser kalt ab, um den Garprozess zu stoppen und überflüssige Stärke loszuwerden.

Verteilen Sie die Nudeln auf 4 flache Schüsseln und gießen Sie das halb gefrorene Dashi darüber. Mischen Sie beides mit Essstäbchen durch. Zum Schluss geben Sie das Gemüse, die Sprossen, Sesamsamen und ein paar Tropfen Sesamöl darüber.

SCHWIERIGKEITSGRAD

Erfrischend einfach

PORTOBELLO-BOWL MIT ZWIEBELN

4 PORTIONEN 4

Dieses Rezept ist eine Kombination zweier hochkarätiger japanischer Rindfleischgerichte: Sukiyaki (scharfer Rindfleischeintopf) und Gyūdon (Rindseintopf). Beide verwenden eine gesüßte, auf Soja basierende Sauce – ich finde Gyūdon besonders schmackhaft wegen der karamellisierten Zwiebeln, ähnlich denen, die Sie auch am Hotdog-Stand bekommen. Zwischen Sauce und Zwiebeln kommen noch so viele aromatische Gemüse, dass es echt kein Fleisch mehr braucht. Weil es sich aber merkwürdig anfühlt, Reis mit Zwiebeln und Sauce zu essen, habe ich das Fleisch durch Portobello-Pilze ersetzt.

2 TL Öl
4 Zwiebeln, fein geschnitten
8 sehr große Portobello-Pilze (etwa 500 g), in 1 cm große Würfel geschnitten
2 cm frische Ingwerwurzel, geschält und in feine Stifte geschnitten
100 ml Süße Sojasauce (Seite 40)
100 ml Dashi, wenn möglich Pilz-Dashi (Seite 34)
4 große Portionen gekochter Reis
2 Frühlingszwiebeln, fein geschnitten
40–50 g Rot eingelegter Ingwer (Seite 60)
geröstete weiße Sesamsamen zum Garnieren

Erhitzen Sie das Öl in einer großen Pfanne auf mittlere Temperatur, geben Sie die Zwiebeln dazu und braten Sie sie glasig und etwas braun. Dann fügen Sie Pilze und Ingwer hinzu. Lassen Sie die Pilze etwas braun werden, bevor Sie die Süße Sojasauce und das Dashi dazugeben. Bringen Sie das Ganze zum Kochen und lassen Sie es auf die Konsistenz von Sirup eindicken.

Löffeln Sie Pilze und Zwiebeln zusammen mit der Sauce auf den in Schüsseln angerichteten gekochten Reis und garnieren Sie das Ganze mit den Frühlingszwiebeln, dem Rot eingelegten Ingwer und den Sesamsamen.

SCHWIERIGKEITSGRAD

Wie sieht eigentlich das Emoji für »nicht schwierig« aus?

GEBRATENES GEMÜSE »CHANPON«

4 PORTIONEN

Chanpon ist ein Gericht aus Nagasaki, eine Art Prototyp von Ramen: ein Durcheinander von gekochtem oder gebratenem Gemüse (normalerweise mit Meerestieren, manchmal auch mit Fleisch), das man auf salzige Weizennudeln in einer mittelstarken Brühe häuft. Chinesische Einwanderer erfanden es gegen Ende des 19. Jahrhunderts; es ist sozusagen Ramen, bevor man Ramen Ramen nannte.

Die Wurzeln des Wortes *chanpon* sind nicht klar, aber man geht davon aus, dass es so etwas wie Mischmasch heißt oder Krimskrams. Dieses Gericht ist nicht ganz *chanpon*, weil ich es mit Sauce statt mit Brühe koche (es funktioniert sowohl mit Reis als auch mit Nudeln), aber es entspringt demselben Geist – *chanpon* kann nämlich vieles sein, aber vor allem ist es großzügig, herzhaft und bunt – genau das also, was dieses Rezept ausmacht.

2 EL Pflanzenöl
1 Zwiebel, fein geschnitten
2 Karotten, halbiert und schräg in dünne Scheiben geschnitten
6 Shiitakepilze, frisch oder getrocknet, eingeweichte, entstielt und geschnitten
8 Knoblauchzehen, fein geschnitten
1 Spitzkohl, geviertelt und grob gehackt
300 g Sojasprossen
2 Frühlingszwiebeln, grob gehackt
250 ml Dashi (Seite 33–34)
1 EL Maisstärke
4 EL Sake
2 EL Sojasauce
1 EL Sesamöl
1 große Prise Salz (oder mehr, nach Gusto)
¼ TL weißer Pfeffer
100 g Zuckerschoten
50–60 g Rot eingelegter Ingwer (Seite 60)
4 Portionen Ramen- oder ähnliche Weizennudeln oder 4 große Portionen Reis

Erhitzen Sie das Pflanzenöl in einer großen Pfanne oder einem Wok bis kurz vor den Rauchpunkt. Geben Sie Zwiebel und Karotten hinein und braten Sie sie einige Minuten lang an, bis die Zwiebeln glasig werden. Fügen Sie Pilze, Knoblauch und Kohl hinzu und rühren Sie etwa 5 Minuten weiter, bis der Kohl weicher wird; dann geben Sie die Sojasprossen und die Frühlingszwiebeln dazu.

Verrühren Sie etwas Dashi mit der Maisstärke zu einer Paste. Geben Sie das übrige Dashi, Sake, Sojasauce, Sesamöl, 1 gute Prise Salz und den weißen Pfeffer in die Pfanne und lassen Sie das Ganze aufkochen. Rühren Sie dann die Maisstärke-Dashi-Paste hinein. Weiterrühren, bis die Sauce nach etwa 5 Minuten eindickt. Nun geben Sie die Zuckerschoten und den eingelegten Ingwer dazu, kochen das Ganze noch 1 Minute, schmecken ab und salzen bei Bedarf nach.

Kochen Sie die Nudeln nach Anweisung des Herstellers (oder den Reis nach der Anleitung auf Seite 26), teilen Sie Reis oder Nudeln auf 4 tiefe Schüsseln auf und geben Sie das pfannengerührte Gemüse sowie die Sauce darüber.

SCHWIERIGKEITSGRAD

Nicht schwierig bis in alle Ewigkeit

GEBRATENER »WAS-IST-NOCH-IM-KÜHLSCHRANK«-REIS

4 PORTIONEN

Gebratener Reis war eines der ersten Gerichte, die ich kochen konnte, denn einerseits liebte ich dieses Gericht als Kind, andererseits ist es einfach so easy. Drittens verträgt es eine ganze Menge – es gibt vermutlich Zutaten, die nicht gut in gebratenem Reis schmecken, aber ich muss richtig hirnen, damit mir welche einfallen. Schokoladenglasur, vermutlich. Okay, zurück zum Reis – gebraten lässt er sich mit jedem Gemüse kombinieren, auch mit den Sorten, die Sie nicht erwarten würden, etwa Salat, Gurke oder Rote Bete. Deshalb nenne ich ihn »Was-ist-noch-im-Kühlschrank«-Reis – nehmen Sie einfach das, was Sie dort finden.

2 EL Öl
1 Zwiebel, fein gewürfelt
4 Knoblauchzehen, fein gehackt
1 Handvoll Gemüse – egal welches – sehr fein gewürfelt (also um die 5 mm); meine Lieblinge sind Karotten, Pilze, Spargel, Brokkoli und Zucchini
4 große Portionen gekochter Reis, am besten vom Vortag
3 EL Sojasauce
1 EL Sesamöl
1½ EL Mirin
¼ TL Dashi-Pulver
4 Frühlingszwiebeln, grob gehackt
50 g Rot eingelegter Ingwer (Seite 60)
weißer oder schwarzer Pfeffer (nach Gusto)
1 TL weiße Sesamsamen, geröstet

Erhitzen Sie das Öl in einer tiefen Pfanne oder einem Wok bis kurz vor den Rauchpunkt. Geben Sie die Zwiebelwürfel hinein und rühren Sie sie stetig um, bis sie glasig sind. Dann fügen Sie den Knoblauch und alle anderen Gemüse hinzu und braten sie etwa 5 Minuten, bis sie weich sind.

Nun geben Sie Reis, Sojasauce, Sesamöl, Mirin und Dashi-Pulver dazu. Zerkleinern Sie die Reisklumpen mit einem hölzernen Löffel oder Pfannenheber, während Sie weiterrühren. Hat der Reis die gesamte Flüssigkeit in der Pfanne aufgesogen, geben Sie die Frühlingszwiebeln, den eingelegten Ingwer, Pfeffer und weiße Sesamsamen dazu.

In flachen Schüsseln servieren.

SCHWIERIGKEITSGRAD

Wirklich nicht schwierig

REIS MIT GEMISCHTEM GEMÜSE

(TAKIKOMI GOHAN)

FÜR 2 ALS HAUPTGERICHT, FÜR 4 ALS BEILAGE

Dieses herzhafte, eintopfartige, pilafmäßige Gericht wird normalerweise als Beilage serviert, aber es hat meines Erachtens genug Power in Sachen Geschmack, Biss und Substanz, um als Hauptgericht durchzugehen. Man nimmt alle möglichen Gemüse dafür – üblicherweise fünf verschiedene, aber es können auch mehr sein. Ich mag verschiedenfarbige Gemüse mit unterschiedlichen Geschmäckern darin, aber nehmen Sie einfach, was Sie da haben *and go ahead!*

300 g Reis, gewaschen
400 ml Dashi (egal welches, siehe Seite 33–34)
2 EL Sojasauce
1 EL Mirin
1 EL Sake
½ Karotte, geschält und fein gewürfelt
1 kleines Rübchen, geschält und fein gewürfelt
etwa 80 g (1 Handvoll) Pilze (bevorzugt Shiitake oder Shimeji), entstielt und in Stücke geschnitten
80 g gefrorene Edamame-Bohnen (in der Schale) oder Erbsen
1 EL getrocknete Wakame-Algen

Geben Sie den Reis zusammen mit dem Dashi, der Sojasauce, dem Mirin und dem Sake in eine Kasserolle mit gut schließendem Deckel.

Legen Sie die vorbereiteten Gemüse auf die Reismischung. Stellen Sie die Kasserolle ohne Deckel auf den Herd und bringen Sie das Ganze zum Kochen. Legen Sie dann den Deckel auf, reduzieren Sie die Hitze und dämpfen Sie die Reis-Gemüse-Mischung etwa 15 Minuten lang.

Nehmen Sie den Topf vom Herd und lassenSie das Ganze unter dem Deckel noch etwas durchziehen. Dann erst mischen Sie Reis und Gemüse vorsichtig durch.

SCHWIERIGKEITSGRAD

Nur ein kleines bisschen schwieriger als Reis pur zu kochen, was, wie wir wissen, ja nicht schwer ist.

GEBRATENER REIS ALLA PRIMAVERA

4 PORTIONEN

Als ich ein Teenager war, hatten alle italienischen Restaurants (außer den wirklich old-school-mäßigen, denen die Tomatensauce heilig war) irgendein Gericht namens Pasta Primavera auf der Karte. Dieses Gericht muss Ende der 1970er-Jahre in New York auf der Basis von saisonalem Frühlingsgemüse erfunden worden sein, aber als es endlich in Wisconsin ankam, war es bereits ein gängiger Name für alle Arten von Pasta mit grünem Gemüse, auch wenn es sich dabei um Brokkoli und gefrorene Erbsen handelte. Es ist immer noch ein schöner Titel für ein Gericht, und deshalb habe ich ihn für diesen leichten und frischen gebratenen Reis geklaut, den ich gerne im Frühling koche, wenn alle meine Lieblingsgemüse frisch auf dem Markt sind, nämlich Spargel, Erbsen und Bärlauch.

2 EL Öl (Olivenöl passt am besten)
1 Zwiebel, fein gewürfelt
4 Knoblauchzehen, fein gehackt
2 cm frische Ingwerwurzel, geschält und geraspelt
150–200 g Erbsen (tiefgefrorene sind in Ordnung, aber nehmen Sie marktfrische, wenn möglich)
1 Bund (etwa 150 g) grünen Spargel, geschält, ohne holzige Enden, in 2½ cm lange Stücke geschnitten
4 große Portionen gekochter Reis, am besten vom Vortag
1 große Prise Salz
1½ EL Mirin
¼ TL Dashi-Pulver
abgeriebene Schale und Saft von ¼ Zitrone
4 Frühlingszwiebeln, grob gehackt
weißer Pfeffer (nach Gusto)
1 TL weiße Sesamsamen, geröstet
1 große Handvoll (40–50 g) Bärlauchblätter, grob gehackt (wenn Sie keinen Bärlauch bekommen, nehmen Sie mehr gehackten Knoblauch und Spinat dazu)

Erhitzen Sie das Öl in einer tiefen Pfanne oder einem Wok bis kurz vor den Rauchpunkt. Geben Sie die Zwiebelwürfel hinein und rühren Sie sie stetig um, bis sie glasig sind. Fügen Sie Knoblauch, Ingwer, Erbsen und Spargelstücke hinzu und braten Sie das Gemüse unter Rühren etwa 5 Minuten weich. Dann fügen Sie Reis, Salz, Mirin und Dashi-Pulver, sowie Zitronensaft und -schale hinzu. Zerkleinern Sie die Reisklumpen mit einem hölzernen Löffel oder Pfannenheber, während Sie weiterrühren. Hat der Reis die gesamte Flüssigkeit in der Pfanne aufgesogen, geben Sie die Frühlingszwiebeln, Pfeffer und weiße Sesamsamen dazu.

Schmurgeln Sie das Ganze noch ein paar Minuten, nehmen Sie es dann vom Herd und rühren Sie den Bärlauch unter.

In flachen Schüsseln servieren.

SCHWIERIGKEITSGRAD

So einfach wie der Frühling

FEIER-REIS FÜR HARTE NÄCHTE

ERGIBT 2 PORTIONEN, 3 PORTIONEN, WENN SIE IN STIMMUNG DAFÜR SIND, 1, WENN SIE RICHTIG GELADEN HABEN

Reis war schon immer mein Lieblingsessen, wenn ich zu viel intus hatte. Das rührt vor allem daher, dass mein College keine Teeküche bei den Schlafsälen hatte und das Einzige, das ich besaß, ein Reiskocher war. Taumelte ich nach einer wilden Party in meinen Schlafsaal, kochte ich mir etwas Reis. Meistens musste ich etwas putzen, sobald ich den Reis in mich reingeschichtet und der Raum endlich aufgehört hatte, sich zu drehen.

Noch heute liebe ich Reis, wenn ich betrunken bin. Aber nach so vielen Jahren in London habe ich auch eine promillige Vorliebe für Kebabs – ihr Fett und Fleisch verlangsamen einerseits die Wirkung von Alkohol, andererseits richten einen ihre Gewürze und die frischen Gemüsebeilagen wieder auf. Die Kombi aus Reis und Kebabaromen ist der Feier-Reis für harte Nächte: wirklich köstlich, satt machend und dazu absurd einfach. Wenn also eine harte Nacht ansteht, dann tun Sie sich den Gefallen, diesen Reis vorher zuzubereiten – er hilft beim Ausnüchtern.

2 EL Öl
½ rote Zwiebel, fein gewürfelt
4 Knoblauchzehen, fein geschnitten
2 Pak Choi oder ¼ Kohl oder 1 Handvoll Brokkoli oder Ähnliches, grob gehackt
3 vegane Würstchen, klein geschnitten
150 g Kimchi (Seite 56)
300 g Reis, gekocht (Seite 26)
1 Spritzer Sojasauce
1 Spritzer Mirin
2 EL Sesamsamen, zu grobem Pulver zerstoßen
1 Jalapeño-Chilischote, fein geschnitten (nach Wahl)
2 Frühlingszwiebeln, fein geschnitten
¼ Limette
etwas scharfe Chilisauce
1 Klecks vegane Mayo (Seite 43)

Vor der Kneipentour
Erhitzen Sie das Öl in einer weiten Pfanne oder einem Wok, geben Sie die Zwiebelwürfel hinein (heben Sie 1 Esslöffel davon als Garnitur auf) und braten Sie sie glasig bis braun. Fügen Sie Knoblauch, grünes Gemüse und Würstchen hinzu und garen Sie das Ganze unter stetigem Rühren weitere 5 Minuten, bis die Gemüse gar und die Würstchen angebräunt sind. Geben Sie nun das Kimchi hinein und kochen Sie weiter, bis seine Flüssigkeit verdampft ist; dann folgen Reis, Sojasauce und Mirin. Zerkleinern Sie die Reisklumpen mit einem hölzernen Löffel oder Pfannenheber, während Sie weiterrühren. Hat der Reis die gesamte Flüssigkeit aufgesogen, rühren Sie die Sesamsamen unter.

Nehmen Sie den Topf vom Herd, lassen Sie das Ganze abkühlen und packen Sie es in Behältern, die für die Mikrowelle geeignet sind, in den Kühlschrank. Die übrigen Zwiebelwürfel, die geschnittene Jalapeño, die Frühlingszwiebeln und das Limettenviertel packen Sie in eine Extra-Dose, die ebenfalls in den Kühlschrank wandert, bis Sie getankt haben.

Nach der Kneipentour
Öffnen Sie den Deckel des Reisbehälters einen Spaltbreit und stellen Sie den Behälter 3 bis 4 Minuten in die Mikrowelle, bis der Reis durch und durch dampfend heiß ist. Füllen Sie ihn in eine Schüssel, geben Sie etwas scharfe Sauce und Mayo darüber, garnieren Sie das Ganze mit den Zutaten aus Container Nr. 2 und …

WARNUNG: Versuchen Sie nicht, dieses Gericht (oder ein anderes) zu kochen, wenn Sie betrunken sind.

SCHWIERIGKEITSGRAD
Berauschend einfach

VEGANES BENTŌ

SCHWIERIGKEITSGRAD

Ihre Kollegen werden Sie beneiden, was die Mühe lohnt
(auch wenn es keine ist)

WUNDERBARE JAPANISCHE BROTZEIT MIT MINIMALEM AUFWAND

Bentō heißen die japanischen Brotzeitdosen. Ihr Inhalt kann aus Nullachtfünfzehn-Fertigfutter bestehen oder ein winziges, atemberaubendes Minifestessen darstellen. Letzteres ist leichter herzustellen, als Sie denken mögen. Denn auch wenn diese Minimahlzeiten bekannt dafür sind, dass sie sich aus lauter unterschiedlich zubereiteten Gerichten zusammensetzen – was manchmal der Fall ist –, kann Bentō wirklich einfach sein und zum Beispiel aus Reis und nur einem weiteren Gericht bestehen.

Lassen Sie uns den einfachsten Teil in Angriff nehmen: Reis pur plus irgendetwas Aromatisches, Kräftiges zum Anreichern. Denken Sie daran, dass Sie das Ganze kühl essen werden, es sollte also nichts sein, das nur heiß schmeckt. Ein paar Vorschläge:

- In Dashi geschmorter Kürbis mit Mirin und Ingwer (Seite 71)
- Mit Teriyaki-Sauce gegrillte Karotten (Seite 72)
- Geröstete Rote Bete mit Miso (Seite 78)
- Gebratene Baby-Auberginen in Dashi (Seite 97)
- Tofubratlinge (Seite 74)
- Pfannengerührter Kohl mit Sojasprossen und Ingwersauce (Seite 136)

Der Hauptbestandteil dieses Gerichts ist Reis – rechnen Sie 75 bis 100 Gramm rohen Reis pro Bentō. Die Rezepte in diesem Buch lassen sich gut für Bentō umrechnen: Wenn 4 Portionen angegeben sind, dann reicht ¼ des Rezepts für 1 Bentō. Übrigens sollten Sie Ihr Bentō etwa 1 Stunde vor dem Essen aus dem Kühlschrank holen – der Reis ist dann weniger hart.

Für ein etwas beeindruckenderes Bentō – sagen wir vier Minigerichte, denn das ist oft die Anzahl von Abteilen, die Sie in so einer Box finden – geben Sie zu Reis und dem »Hauptgericht« zwei kleine Salate oder eingelegte Gemüse wie:

- Eingelegter Kohl (Seite 56)
- Eingelegte Radieschen mit Zitrusaroma (Seite 57)
- Aufgemotzte Edamame (Seite 62)
- Grühkohl mit zerstoßenem Sesam (Seite 67)
- Gurke und Wakame mit gewürztem Essig (Seite 86)
- Knuspriges Gemüse Kinpira-Style (Seite 90)

Für ein Bentō aus vier kleinen Mahlzeiten benötigen Sie nur etwa 50 Gramm Reis (ungekocht), plus grob die Hälfte der im Rezept genannten Portionen – wenn also das Rezept für 4 berechnet ist, ergibt es etwa 8 Bentō. Das Einfachste ist es, alle Bentō zugleich zu machen – ich mache immer 4 auf einmal und kann den Rest der Woche damit bestreiten. (Apropos: Quasi alle Gerichte in diesem Buch halten sich 4 bis 5 Tage lang im Kühlschrank.) Achten Sie auf Ihre Lunchgewohnheiten – wenn Sie wegen Ihrer Arbeit oder sozialer Verpflichtungen oft zum Essen gehen müssen, dann sind vier oder fünf Bentō zu viel.

Neulich fragte mich ein Freund: »Was ist eigentlich Bentō?« Nach reiflicher Überlegung, während der ich aller Bentō gedachte, die ich gegessen habe, und wie unterschiedlich sie waren, antwortete ich ihm: »Es ist japanisches Essen … in einer Box.« So, jetzt wissen Sie's: Wenn Sie Bentō essen wollen, kochen Sie ein paar japanische Gerichte und füllen Sie sie (oder die Reste) in eine Plastikdose! Echt, der Unterschied zwischen Resten in Tupperware und einem köstlichen Bentō ist nur eine Frage der Perspektive.

NACHSPEISEN

デザートと飲み物

& DRINKS

Japanische Süßigkeiten bestehen oft aus Früchten und Gemüsen anstatt aus Butter und Sahne – und passen deshalb ganz natürlich zu einer veganen Lebensweise. Ich zeige Ihnen hier einige traditionelle Rezepte zum Ausprobieren und auch ein paar eigene Kreationen, die nicht hundertprozentig japanisch sind, aber mit japanischen Aromen spielen. Und dann gibt's natürlich die Drinks! Egal ob kombiniert mit einem japanischen Mahl oder solo – sie sind köstlich und schmecken zu jedem Anlass.

GELEE AUS ROTEN BOHNEN UND KASTANIEN

(YŌKAN)

ERGIBT 8 GROSSE SCHEIBEN ODER 16 KLEINE

Adzukibohnen sind ein Hauptbestandteil ostasiatischer Süßigkeiten. Man findet sie überall, im süßen Brötchen genauso wie in Eiscreme. Viele Europäer finden das zunächst gewöhnungsbedürftig, aber ich kenne niemanden, ehrlich, der es nicht irgendwann zu schätzen wusste. Die (japanische) Mutter meiner Frau erzählte ihr als Kind, Rote-Bohnen-Paste sei Schokolade, eine teuflische Lüge, die meine Frau für bare Münze nahm, bis sie in die Schule kam. Dabei ist das so weit gar nicht hergeholt – die Bohnen haben einen ähnlich weichen Schmelz und einen feinen, nussartigen Geschmack. Eines meiner Lieblingsdesserts aus roten Bohnen ist dieser Klassiker: Yōkan-Gelee, eine sehr urtümliche Süßigkeit, die dank Agar-Agar die Festigkeit von Fruchtgelees bekommt. Genießen Sie sie zu einer Tasse grünem Tee oder als leichte Nachspeise.

400 g Adzukibohnen aus der Dose, samt Flüssigkeit
fein abgeriebene Schale und Saft von 1 Clementine
200 g brauner Zucker
2 TL Agar-Agar-Pulver oder 2 EL Agar-Agar-Flocken
100 g gekochte Esskastanien, gehackt

Geben Sie die Adzukibohnen und die dazugehörige Flüssigkeit mit der Schale und dem Saft der Clementine sowie dem Zucker in einen Topf. Kochen Sie das Ganze 5 bis 10 Minuten lang, damit die Bohnen weich werden. Rühren Sie dabei häufig um. Fügen Sie dann das Agar-Agar hinzu und pürieren Sie die Masse mit dem Mixstab oder in der Küchenmaschine, bis sie glatt ist.

Rühren Sie die Kastanien ein und geben Sie die Masse in eine rechteckige Plastikbox, die Sie in den Kühlschrank stellen, bis das Gelee nach etwa 4 Stunden fest ist.

Stürzen Sie das Gelee aus der Box und schneiden Sie es zum Servieren in Scheiben. Im Kühlschrank hält es sich bis zu 1 Woche.

SCHWIERIGKEITSGRAD

Sind Sie bereit für ein wirklich nicht schwieriges Gelee?

KNUSPRIGE SHICHIMI-SCHOKOLADE

ERGIBT ETWA 8 BROCKEN (DIESE ANGABE HÄNGT DAVON AB, WIE VIEL GEWÜRZTE SCHOKOLADE SIE ESSEN KÖNNEN)

Ich sollte das vermutlich nicht in einem veganen Kochbuch erwähnen (meine Redakteurin bat mich, mit Hinweisen auf Fleischgenuss »etwas zurückhaltender« zu sein*), aber ich hatte einmal das große Vergnügen, ein Schwein nose-to-tail zuzubereiten, also wirklich alles zu verwerten, und zwar für meinen Freund Jay Rayner, wohl der beste Gastronomiekritiker des Landes, jedenfalls der engagierteste. Dass Jay so gefürchtet ist, kommt daher, dass miese Restaurants und glücklose Chefköche leider allzu häufig zusammen auftreten (er hat zwei Bücher mit seinen irrwitzigsten Kritiken veröffentlicht), doch im wirklichen Leben ist er ein warmherziger und großzügiger Bonvivant, der vor allem eine gute Zeit haben will und die gern mit den Leute in seiner Umgebung teilt. Für ihn also bin ich aufs Ganze gegangen und habe ein (wirklich wahnwitziges) 15-Gänge-Menü vom Schwein gebastelt und es dabei sogar geschafft, etwas Schweinefleisch im Nachtisch unterzubringen: Brocken von dunkler Schokolade, mit Shichimi-Chili-Pulver und Stückchen von knuspriger Schweineschwarte für den Biss. Überraschend lecker – dass die Nachspeise nicht wirklich nach Schwein geschmeckt hat, war vermutlich nicht das Schlechteste, aber die wirkliche Erleuchtung war die Kombination aus Shichimi (Seite 23) und Schokolade. Ich mochte Chilischokolade schon immer, aber Shichimi enthält auch Orangenschale, Sesam und Ingwer – alle drei passen hervorragend zu Schokolade. Für den Biss können Sie entweder vegane Cornflakes oder Reiscracker nehmen, beides ist wirklich eine Verbesserung gegenüber der Schweineschwarte und zudem wesentlich einfacher zuzubereiten.

* Sorry, Kate!

1 Block dunkle Schokolade, gehackt
1 Handvoll Cornflakes oder einfache Reiscracker, gehackt
1 oder 2 Prisen Shichimi
1 kleine Prise Meersalz

Schmelzen Sie die Schokolade in einer hitzebeständigen Schüssel über einem Topf mit kochendem Wasser oder in der Mikrowelle in Intervallen von 20 bis 30 Sekunden. Rühren Sie die Cornflakes oder Reiscracker hinein und geben Sie die Masse auf ein mit Backpapier belegtes Blech oder einen Teller. Verstreichen Sie sie dünn. Streuen Sie Shichimi und Meersalz darüber, bevor Sie sie zum Festwerden in den Kühlschrank stellen. Zum Servieren in Stücke brechen.

SCHWIERIGKEITSGRAD

Dieses Rezept ist so unschwer, dass es nicht einmal Mengenangaben hat.

MANDELGELEE MIT MANGO UND SIRUP AUS BRAUNEM ZUCKER

(ANNIN DŌFU)

4 PORTIONEN

Dies ist eine chinesische Nachspeise, die auch in Japan beliebt ist, ähnlich einer Bayerischen Creme oder einer Pannacotta, aber feiner, einfacher herzustellen und ganz und gar vegan. In China und Japan wird sie traditionell aus gemahlenen Aprikosenkernen in Form von Milch oder Puder hergestellt. Da ich diese Milch/dieses Pulver noch in keinem Supermarkt gefunden habe und es wohl auch kleine Mengen an Zyanid enthält … nehmen wir lieber Mandelmilch, die schmeckt ähnlich. Die Textur dieser Creme ähnelt Crème Caramel oder Seidentofu – daher stammt auch ihr japanischer Name Annin Dōfu (Aprikosenkernetofu). Sie ist außergewöhnlich erfrischend, wenn man sie im Sommer gut gekühlt mit einer frischen, reifen Mango serviert.

Sirup aus braunem Zucker
80 ml Wasser
65 g brauner Zucker

Mandelgelee
500 ml Mandelmilch
60 g weißer Zucker
1½ TL Mandelextrakt*
½ TL Agar-Agar-Pulver oder 1½ TL Agar-Agar-Flocken
1 reife Mango, geschält und in Würfel geschnitten

Für den braunen Zuckersirup verrühren Sie Wasser und braunen Zucker in einem Topf und bringen den Mix zum Kochen. Rühren, bis sich der Zucker aufgelöst hat, dann die Flüssigkeit in eine Schüssel geben und im Kühlschrank erkalten lassen.

Im selben Topf verrühren Sie Mandelmilch, Zucker und Mandelextrakt und bringen die Mischung zum Kochen. Nehmen Sie den Topf vom Herd und schlagen Sie das Agar-Agar hinein, bis es sich aufgelöst hat.

Gießen Sie die Mischung in 4 kleine Gläser oder Tassen, die Sie in den Kühlschrank stellen. Das Gelee wird in etwa 4 Stunden fest.

Servieren Sie das Mandelgelee mit frischer Mango und gießen Sie den Zuckersirup darüber.

* Hierzulande werden Sie eher auf Bittermandelaroma oder Mandelöl stoßen. Diese Produkte können Sie genauso gut verwenden; die Menge sollten Sie jedoch auf wenige Tropfen reduzieren und vorsichtshalber ein wenig experimentieren.

SCHWIERIGKEITSGRAD

Sublim, nicht schwierig

EINZIGARTIGES PFIRSICHSORBET MIT SAKE

4–6 PORTIONEN (ERGIBT ETWA 400 ML)

Unter den Früchten haben weiße Pfirsiche den größten Sex-Appeal: Sie sind saftig, errötend, duftend, mit dem Aussehen hübscher, runder, flaumiger Hinterteile. In Japan sind sie geradezu nuttig: enorm groß und beinahe obszön süß. Weil die Pfirsichsaison so kurz ist, sind sie umso verführerischer, doch mit diesem Rezept kann man ihr berauschendes Aroma einige Monate länger erhalten: Es verwandelt sie in ein leicht alkoholisches Sorbet. Sake hat, so scheint es, eine besondere Vorliebe für Pfirsiche – manchen Sakesorten eignet eine Pfirsichnote –, sein Alkoholgehalt sorgt dafür, dass das Sorbet beim Gefrieren nicht zu hart wird. Großartig schmeckt eine Kugel davon in einem Glas Weißbier – es schäumt dann enorm, ist aber extrem erfrischend.

4 große, reife weiße Pfirsiche, entsteint und in Würfel geschnitten
120 g Zucker
½ TL Vanilleextrakt
Saft von 1 Zitrone
120 ml Sake (egal welcher, aber ein guter Sake wäre schon schön)

Geben Sie die Pfirsichwürfel mit dem Zucker, der Vanille und dem Zitronensaft in ein Gefäß und lassen Sie das Ganze über Nacht im Kühlschrank durchziehen.

Anderntags hat sich der Zucker in Pfirsichsirup verwandelt, und die Pfirsiche sind sehr weich geworden. Geben Sie den Sake dazu und pürieren Sie die Mischung in der Küchenmaschine, bis sie glatt ist. Danach füllen Sie sie in einen luftdichten Behälter, den Sie ins Gefrierfach stellen. Es dauert etwa 8 Stunden, bis das Sorbet gefroren ist, manchmal länger, je nach Gerät.

Sofort genießen oder bis zu 3 Monate lang aufbewahren.

SCHWIERIGKEITSGRAD

Pfirsichmäßig easy

BUTTERSCOTCH-BROWNIES MIT SOJASAUCE

ERGIBT ETWA 12 BROWNIES,
VIELLEICHT WENIGER, WENN SIE GROSSE BROWNIES BEVORZUGEN

Ursprünglich habe ich dieses Rezept für die Firma Kikkoman entwickelt. Kikkoman wollte westliche Rezepte mit Sojasauce promoten, um zu zeigen, wie gut diese Sauce auch in unsere Alltagsküche passt. Dieser Auftrag hat mir viel Spaß gemacht, da ich Sojasauce liebe und sie ohnehin in alles gebe, was ich zubereite. Doch bei diesem Rezept verwendete ich sie erstmals für ein Dessert. Klingt wie ein Witz, ist aber köstlich – Sojasauce hat einen reichen, malzigen Geschmack, der an dunkles Bier erinnert und fantastisch zu Schokolade und Butterscotch-Bonbons passt. Sojasauce im Dessert schmeckt ein bisschen wie gedoptes gesalzenes Karamell.

Butterscotch

150 g brauner Zucker
50 g vegane Butter
1 EL Sojasauce
2 EL Sojamilch/Mandelmilch/Hafermilch
1 EL Vanilleextrakt

Brownies

4 EL Leinsamen, gemahlen
180 ml Wasser bzw. Sojamilch/ Mandelmilch/ Hafermilch oder Ei-Ersatz für 4 Eier, nach Packungsanweisung angerührt
200 g vegane Butter
300 g dunkle Schokolade mit 60–80 % Kakao, fein gehackt
200 g brauner Zucker
80 g weißer Zucker
100 g Mehl
30 g Kakaopulver
¼ TL Salz
Puderzucker

Für die Butterscotch-Sauce schmelzen Sie den Zucker und die Butter unter ständigem Rühren bei mittlerer Hitze in einem Topf. Sobald sich der Zucker aufgelöst hat und Blasen wirft, geben Sie Sojasauce und Milch dazu, bringen das Ganze für 5 Minuten zum Kochen, nehmen es vom Herd und rühren nun den Vanilleextrakt ein. Bei Zimmertemperatur abkühlen lassen.

Für die Brownies heizen Sie den Backofen auf 180 °C vor und legen ein Backblech mit Backpapier aus. Verrühren Sie den Leinsamen mit dem Wasser bzw. der pflanzlichen Milch oder dem Ei-Ersatz.

Schmelzen Sie die vegane Butter im Topf oder in der Mikrowelle. Geben Sie die Schokolade in eine Schüssel, gießen Sie die geschmolzene Butter heiß darüber und verrühren Sie beides gut miteinander, damit die Schokolade schmilzt. Schlagen Sie nun erst die Leinsamenmischung und die beiden Zuckersorten unter, dann das Mehl, den Kakao und das Salz.

Gießen Sie diesen Teig auf das vorbereitete Backblech und backen Sie ihn 35 bis 40 Minuten. Ob die Brownies fertig sind, finden Sie heraus, indem Sie das Backblech schütteln – in der Mitte sollte der Teig leicht wackeln. Lassen Sie die Masse auskühlen, bevor Sie sie in Rechtecke schneiden.

Vor dem Servieren mit Puderzucker bestäuben und die Butterscotch-Sauce im Kännchen zum Begießen daneben stellen.

SCHWIERIGKEITSGRAD
Monumental einfach

SCHOKOLADENMOUSSE MIT BETRUNKENEN KIRSCHEN UND IN MISO GERÖSTETEN PEKANNÜSSEN

4 PORTIONEN

Dieses Rezept ist nicht japanisch, aber ich musste es ins Buch aufnehmen, weil ich die Zubereitungsart so schätze. Als der französische Physiko-Chemiker Hervé This es kreierte, nannte er es Chocolat Chantilly; er fand heraus, dass mit Wasser geschmolzene und kalt aufgeschlagene Schokolade die gleichen physikalischen Eigenschaften hat wie vollfette Sahne, auch beim Schlagen. Das Ergebnis ist eine fabelhaft leichte Mousse, die nach purer Schokolade schmeckt – und genau darum handelt es sich. Mit Whisky vermischte Kirschen konterkarieren die Schokomousse, die in Miso gerösteten Pekannüsse sorgen für eine fantastische salzig-nussige Note. Ich liebe diese Nachspeise, denn sie kommt ziemlich retro daher, doch ihr Geschmack ist ganz und gar Zeitgeist.

Geröstete Pekannüsse
15 g Miso
1 TL Sesamöl
1 TL Zucker
60 g Pekannüsse, halbiert

Mousse
200 g dunkle, ungesüßte Schokolade
1 TL Vanilleextrakt
175 ml kochendes Wasser
Eis zum Kühlen

Als Deko
4 EL japanischer Whisky, Bourbon oder anderer Whisky, der nicht zu rauchig schmeckt
1 Glas Sauerkirschen à 400 g

Heizen Sie den Backofen auf 160 °C vor.

Für die gerösteten Pekannüsse mischen Sie Miso, Sesamöl und Zucker in einer Schüssel, geben die Pekanhälften dazu und mischen sie mit den Händen vorsichtig gründlich durch. Legen Sie sie dann auf ein Backblech und rösten Sie sie 10 bis 15 Minuten (Kontrollblick nach 10 Minuten), bis sie dunkelbraun sind. Dann holen Sie sie aus dem Ofen und lassen sie abkühlen.

Für die Mousse geben Sie die Schokolade und den Vanilleextrakt ins kochende Wasser und lassen es simmern, bis die Schokolade geschmolzen ist. Dann gießen Sie sie in eine Rührschüssel, die Sie in eine mit Eis und etwas Wasser gefüllte zweite Schüssel hineinstellen. Nun schlagen Sie die Schoko-Wasser-Vanille mit dem Handrührgerät, als ob Sie Sahne schlagen würden. Sobald der Mix abkühlt, wird er dick und bildet Luftblasen. Sobald die Schokolade fester wird, stoppen – NICHT erst, wenn sie Spitzen zeigt, denn man überschlägt sie sehr leicht. Wird die Schokolade griffig und krümelig, dann schmelzen Sie sie einfach wieder ein und beginnen von vorn. Cool, oder?

Füllen Sie die Mousse in Gläser, am besten Kristallgläser, damit es nach den Siebzigern aussieht. Rühren Sie den Whisky in die Sauerkirschen und löffeln Sie diese Mischung auf die Mousse. Bedecken Sie die Gläser und stellen Sie sie kühl. 30 Minuten vor dem Servieren aus dem Kühlschrank holen.

Mit den Miso-Pekannüssen garniert servieren.

SCHWIERIGKEITSGRAD

Bringt ins Delirium und nicht in Schwierigkeiten

BLOODY MARIKO

1 GLAS

Bloody Marys mochte ich schon immer, denn im Grunde sind es Suppen. Ich bin ein schlechter Barkeeper, weil ich mich weder mit Spirituosen noch mit den Feinheiten des Mixens auskenne, aber ich kriege eine verdammt gute Bloody Mary hin, denn das fühlt sich eher wie Kochen an – ähnlich wie Tomatensuppe oder Gazpacho.

Diese Version mit ihrem japanischen Aroma habe ich vor einigen Jahren für das Nanban entwickelt. Sie ist ziemlich lecker, hat sich aber leider nicht wirklich verkauft. Das Problem ist vermutlich, dass die Leute sie mit einem Brunch assoziieren, was wir gar nicht im Angebot haben. Schade jedenfalls, denn sie ist wirklich fein und passt gut zum Essen. Vermutlich weil sie eben eigentlich kein Getränk ist, sondern eine Speise!

ANMERKUNG Falls Sie über Shōchū, den japanischen Branntwein, stolpern, kaufen Sie ihn unbedingt! Sein Geschmack reicht von sauber und leicht, wie bei einem Wodka oder einem Sake, bis hin zu erdig und rauchig wie Mezcal oder Whisky – aber Shōchū hat weniger Alkohol als die meisten europäischen Spirituosen. Quasi jeder Shōchū funktioniert in diesem Rezept, ich würde aber einen süßen Kartoffel- oder Gersten-Shōchū empfehlen, wenn Sie ihn finden.

1 Prise Shichimi plus etwas Shichimi, um den Glasrand zu dekorieren (falls gewünscht)
1 TL Sojasauce
1 TL Pilz-Ketchup
½ TL Wasabi
100 ml Tomatensaft
Saft von 1 Zitrone oder 1 EL Yuzu-Saft
3 EL Wodka oder Shōchū (siehe Anmerkung)
1 große Prise schwarzer Pfeffer
Tabasco oder eine ähnliche scharfe Sauce (nach Geschmack)
frische, rohe, knackige Gemüse (etwa Salatgurke, Sellerie, Winterrettich, Enoki-Pilze oder Endivie) zum Garnieren
Eiswürfel zum Servieren

Geben Sie 1 Esslöffel Shichimi auf einen Teller, feuchten Sie dann den Rand eines hohen Glases an und drehen Sie ihn leicht durch das Shichimi, sodass es kleben bleibt.

Rühren Sie Sojasauce, Pilz-Ketchup und Wasabi miteinander glatt, bis keine Wasabiklümpchen mehr zu sehen sind. Fügen Sie dann Tomaten- und Zitronensaft, Wodka oder Shōchū, Pfeffer und gegebenenfalls Tabasco hinzu und rühren Sie gut um. Füllen Sie das Ganze ins Glas, geben Sie die Gemüse hinzu und füllen Sie mit Eiswürfeln auf.

SCHWIERIGKEITSGRAD
Bloody unschwierig

WASSERMELONE-SAKE-MOJITO

1 GLAS

Sake liebt Früchte (siehe auch: Einzigartiges Pfirsichsorbet mit Sake, Seite 180) und er ist besonders nett zu Wassermelone. Ich habe diesen Drink für einen Abend im Nanban-Restaurant erfunden, als wir den »Sake-Sommer« ausgerufen hatten, und er war so beliebt, dass wir ihn auf die Speisekarte genommen haben. Er ist wirklich, wirklich, wirklich unglaublich erfrischend. Und wirklich einfach. Und wirklich rosa!

½ Limette, in Achtel geschnitten, und 1 Scheibe Limette zum Garnieren
3–4 Würfel Wassermelone (ohne Kerne)
1 TL Rohrohrzucker
10–12 Pfefferminzblättchen plus 1 Zweiglein Pfefferminze zum Garnieren
1 EL weißer Rum
3 EL Sake (nehmen Sie einen fruchtigen, falls möglich)
Mineralwasser zum Auffüllen
Eis (Crushed Ice wäre ideal) zum Servieren

Rühren Sie die Limetten- und Wassermelonenstücke mit Zucker und Minzeblättchen in einem hohen Glas zusammen, bis sich der Zucker aufgelöst hat und die Melone zu einem halb flüssigen Brei geworden ist. Geben Sie Rum, Sake, einen Schluck Mineralwasser und 1 Handvoll Eis dazu. Erneut gut umrühren und dann mit Mineralwasser auffüllen.

Mit Limette und dem Minzezweiglein garnieren; mit einem Strohhalm servieren.

SCHWIERIGKEITSGRAD

Nicht schwierig zu machen, noch weniger schwierig zu trinken

GRÜNTEE-BRANDY-SLUSH

4 GLÄSER

Vor ein paar Jahren blätterte ich zu Hause in Wisconsin die alten Kochbücher meiner Familie durch. Erstaunlicherweise fand ich einige japanische Gerichte und einige Gerichte mit japanischen Zutaten. Nichts wirklich Exotisches – ein bisschen Tempura hier, etwas Sojasauce da – hallo, wir sprechen von den 1960er- und 1970er-Jahren. Mir war nicht klar gewesen, wie abenteuerlich Wisconsin damals drauf war. Andererseits war meine Großmutter Betty auch nicht irgendwer in Wisconsin gewesen. Ich habe sie nicht wirklich gekannt – sie starb, als ich vier war –, aber soweit ich weiß, war sie eine starke Persönlichkeit, eine moderne, weitgereiste Frau, die gute Gesellschaft und anregende Unterhaltung liebte. Es ergab Sinn, dass sie einige ausgefallene Rezepte in ihrer Sammlung hatte, z. B. auch diesen Mix aus Brandy Slush – ein Klassiker in den Supper Clubs von Wisconsin – und dem frischen, grasigen Geschmack von grünem Tee.

4 Teebeutel japanischer grüner Tee
   oder 2 EL japanische Grünteeblätter
180 ml Brandy
500 ml Zitronensorbet
1 Handvoll gehacktes Eis
Saft von ½ Zitrone
4 Scheiben Orange zum Garnieren

Geben Sie den Tee direkt in den Brandy. Lassen Sie ihn bei Zimmertemperatur 1 bis 2 Stunden ziehen. Je länger Sie ihn im Alkohol lassen, desto stärker schmeckt man ihn durch.

Holen Sie die Teebeutel heraus bzw. sieben Sie die Teeblätter ab und mixen Sie Brandy, Sorbet, Eis und Zitronensaft in der Küchenmaschine auf höchster Stufe, bis das Ganze glatt und eben »slushy« ist.

In Tumblern mit Orangenscheiben garniert servieren.

SCHWIERIGKEITSGRAD

Wunderbar wenig schwierig

ARNOLD-PALMER-GRÜNTEE

ERGIBT 2 L, GENUG FÜR 6–8 GLÄSER

Arnold Palmer ist einer der besten Drinks weltweit, eine einfache, aber effektvolle Kombination aus geeistem Tee und Limonade (amerikanischer Limonade ohne Kohlensäure, um genau zu sein). Der legendäre Golfer, nach dem er benannt ist, bevorzugte ihn mit drei Teilen ungesüßtem Tee und einem Teil Limonade. Ich glaube, das Verhältnis ist ideal, denn Limonade und Zucker würzen das Getränk eher und machen es zum Durstlöscher, ohne das Unbekümmerte von Tee mit Eis zu stören. Grüner Tee ist etwas schärfer als schwarzer Tee, ihm tut also etwas mehr Süße gut, aber probieren Sie es einfach selbst und schmecken Sie nach Ihrem Gusto ab. Sie können jeden japanischen grünen Tee nehmen, meine Lieblinge jedoch wären Hōjicha (gerösteter grüner Tee) oder Genmaicha (Grüntee mit gerösteten und gepufften Reiskörnern).

2 Zitronen
2 l Wasser
80 g Zucker, je nach Geschmack auch mehr
8 Teebeutel mit japanischem grünem Tee oder 4 EL loser grüner Tee aus Japan
Eiswürfel zum Servieren

Schälen Sie die Zitronen mit einem Sparschäler, sodass kaum Weißes an den Schalen haftet. Pressen Sie die Zitronen aus.

Geben Sie die Schalen und den Saft mit Wasser und Zucker in einen Topf und bringen Sie die Flüssigkeit zum Simmern. Vom Herd nehmen, etwas abkühlen lassen, dann den Tee hinzufügen. Lassen Sie ihn 5 Minuten lang ziehen, bis er so stark ist, wie Sie ihn mögen (schmecken Sie jetzt auch mit Zucker ab, wenn Sie wollen).

Gießen Sie das Ganze durch ein feines Sieb und stellen Sie es zum Abkühlen in den Kühlschrank.

Servieren Sie den Arnold-Palmer-Grüntee in großen Gläsern, beispielsweise Biergläsern.

SCHWIERIGKEITSGRAD

Und jetzt sage ich das letzte Mal: nicht schwierig!

ZUM AUTOR

Tim Anderson ist der Besitzer des japanischen Soulfood-Restaurants Nanban in London Brixton und Covent Garden. Er ist der Autor von *Tokyo Stories*, *Japaneasy* und *Nanban*. Als junger Mann lebte Anderson zwei Jahre lang in der Präfektur Fukuoka auf der Insel Kyushu und vertiefte sich in die Vielfalt der ausgeprägten Esskulturen Japans. Seitdem, seit über zwei Jahrzehnten, studiert er die japanische Küche. Zurzeit lebt er mit seiner Frau Laura, seiner Tochter Tig und dem FIV-positiven Kater Baloo im Londoner Stadtteil Lewisham. Sein Lieblingsfilm aus den Marvel Studios ist *The First Avenger: Civil War*, aber er steht auch auf *Spider-Man: Homecoming* und *Doctor Strange*.

ティムくん

Danke, Holly Arnold, dass dieses Buch Wirklichkeit wurde, und danke für alle Verhandlungen mit Menschen, mit denen ich wenig zu tun habe. Und danke für das großartige Messer. Du bist die Beste!

Danke, Kate Pollard, für dein Vertrauen und deinen Weitblick. Dieses Buch ist, genauso wie die beiden Vorgänger, dein Werk ebenso wie meines, und ich hoffe, du bist ebenso stolz darauf wie ich.

Danke, Evi O. und Nassima Rothacker, dafür, dass dieses Buch weitaus schöner aussieht, als ich es mir jemals vorstellen konnte. Mit euch beiden zu arbeiten ist einfach pure Freude. Welch ein Glück, euch im Team zu haben.

Danke, Ruth Tewkesbury, für die Zauberei in Sachen Werbung. Ich bin immer wieder erstaunt, wie viele Presseechos über Reisgerichte und Ramen dein Team zustande bringt.

Danke, Jackie Kearney, dass du das Feld für meine veganen Fragen vorbereitet hast: *Vegan Street Food* ist übrigens noch immer eines meiner Lieblingskochbücher.

Danke, Fumio Tanga, Patrick Knill, Emiko Pitman, Sam Schumacker und Yuki Serikawa, für die stetige Inspiration und Weiterbildung in den Freuden der japanischen Küche.

Danke, Laura, für deine Liebe und deine Unterstützung, für deine Toleranz und deine Ermutigung bei allen meinen irrwitzigen Unternehmungen.

Danke, Tig, du bist ein beständiger Quell der Freude.

Danke, Baloo, der beste Freund, den ich mir wünschen kann.

REGISTER

G

H

I

J

K

L

M

N

O

P

R

S

T

U

W

Y

Z

さようなら

SAYŌNARA

2. Auflage 2021

Projektleitung: Eva M. Salzgeber
Übersetzung: Gabriele Leo Hoffmann M.A., München
Redaktion: Dr. Ulrike Kretschmer, München,
Dr. Alex Klubertanz, Haßfurt
Gesamtproducing: Dr. Alex Klubertanz, Haßfurt
Korrektorat: Dr. Ulrike Kretschmer, München
Buch & Cover Design: Evi O. Studio | Evi O.,
Rosie Whelan, Nicole Ho

Colour reproduction by p2d
Printed and bound in China by
Leo Paper Products Ltd.

Penguin Random House
Verlagsgruppe FSC(R) N001967

ISBN 978-3-517-09971-2
www.suedwest-verlag.de

FSC
www.fsc.org
MIX
Paper from responsible sources
FSC™ C020056